大家小书
篆刻　王兴家

中国历史小丛书

新编历史小丛书

新编历史小丛书

明帝国衰亡史

程念祺 著

北京出版集团公司
北京人民出版社

目　录

引　言

明朝从建立到灭亡，前后二百七十六年，十六个皇帝。明太祖朱元璋，是个具有雄才大略的开国君主。他建立了明朝，并一改宋、元的“宽纵”，一意实行“严猛”的治国方略。其目的，就是要通过严刑峻法，使所有做官的人不敢心存歹念，勤勤恳恳地为朝廷效忠。此外，他还建立了一整套的政治、经济和军事制度，希望能一劳永逸地奠定明朝的万世基业。为了强化中央对地方的控制，朱元璋专门设立了三司，作为中央的派出机构，分管地方的民政、军政和司法。而为了贯彻绝对皇权，朱元璋甚至还废除了行之已久的丞（宰）相制度。他为明朝建立了一套完整的赋税征收体系，希望能使国家财政有一个长期稳定的税源。对于明朝的军事及其供给制度，朱元璋也有独到的创设。他建立了卫所，以卫所统辖军队和军户；军户是世袭的，有人当兵，有人种田纳粮服役。这样的创制，目的是要使军人和军费有固定来源。

朱元璋死后，皇太孙朱允炆继位。但不久即发生了由朱棣发动的“靖难”战争。朱棣是朱元璋的第四子，封燕王，王府设在北平。他最终夺取王位，并对朱元璋创建的制度做了一些重要的改变。其中最重要的，就是迁都北京。它使明朝的首都，先后暴露于蒙古和满族军队的直接打击之下。以至于迁都以后，两百多年中，北京和北部及西北部边境的军事防卫，几乎消耗掉明朝的全部财政。明朝历史上的财政危机，主要就是由此引起的。有明一代，中国的北部和西北部的经济，始终难以从五代以来战争所造成的破坏中恢复过来，与迁都北京也有极大的关系。而因为北部和西北部的经济难以恢复，明朝的财政，自始至终不得不主要仰赖于江南。这就严重地限制了江南地区经济的发展。但更为严重的是，北部与西北部的经济不能恢复，最终导致了明末的流民暴动和明朝的覆灭，并使得满族的军队可以轻而易举地入关。

朱棣对朱元璋所立制度的另一项重大的改变，就是通过司礼监和内阁，来控制政府各部。

严格地说，朱元璋只是废除了丞相之名，而没有废除丞相之实。他把原来丞相做的事情，都拿来自己做，实际上扮演着一个皇帝兼宰相的角色。而朱棣则是让司礼监宦官和内阁大学士，成为协助皇帝处理机要的两套相互制约的秘书班子，这才真正从制度上废除了相权。但是，允许宦官参预机要，为明朝政治中的宦官专政埋下了伏笔。

成祖死后，继位的是仁宗皇帝，在位仅一年。然后是宣宗皇帝，在位也不过十年。仁宗、宣宗的统治，明史上称为“仁宣致治”。但是，仁宗、宣宗之后，明朝就进入了一个长期而缓慢的衰颓过程。这种衰颓，典型地表现为帝国几乎在其统治的一切方面，都不思振作，听之任之，以至于积重难返。个中主要原因，一方面是迁都北京对明朝的军事和财政以及南北经济，自始至终所产生的恶劣影响；另一方面则是皇权在制度上的彻底强化。毫无疑问，明朝的皇权，是一种绝对的皇权。在此绝对皇权之下，除了皇帝本人，其他任何集团或个人，都难以成为改革的发动者；而皇帝本人，则因为这种绝对皇权所造成的信息传递上的问题，也难以成为改革的发动者。

始于英宗统治时期的宦官专政，到了世宗朝就结束了。此后大约百年之间，明朝宦官的势力受到了严重的压制。但是，这并不能挽回明朝的颓势。在这一相当长的历史时期中，明朝内阁的权力开始扩大；而内阁之中，为争首辅之地位，权力之争也随之加剧。在这一过程中，神宗皇帝初年，内阁首辅张居正，因为某种特殊的机缘，全面地控制了朝政，终于得以对明朝的积弊，实施某些局部性的改革。然而，在随之而来的清算张居正的过程中，明朝的官僚集团内部，又形成了朋党之争。从那时起，一直到明朝灭亡，朋党的争斗一直没有中断过。正是在这种朋党的争斗中，明朝的一切，都只好眼看着它继续坏下去。

本书的宗旨，在于强调明朝在仁、宣以后持续衰颓的原因。至于明朝在各方面的成就，并不适合在这样的一本小册子中讨论。

一　从洪武开国到“仁宣致治”

公元1368年的正月，朱元璋在应天府（今南京）即皇帝位，国号明，年号洪武。此距1345年，元朝为亡宋修成《宋史》，仅仅二十三年。按说中国历代都注意为前朝修史；而修史的目的，是要记取前朝治乱兴衰的教训。但《宋史》修成之后，不过二十三年，偌大的一个元朝，竟亡于一个本来默默无闻的小人物、一个曾经因饥寒交迫而投身于佛门的和尚之手。殷鉴不远，无奈世事难料。对此，明朝洪武皇帝朱元璋，是非常忧虑的。

朱元璋，这个穷苦人出身的开国皇帝，当他于1344年入皇觉寺为僧时，元朝的天下已开始大乱，地方上不时有造反的事情发生。入皇觉寺后不久，因为寺内没有饭吃，他只好托钵外出“化缘”。数年之间，他游历过好多个州县，对元朝的腐败和天下的乱象，有着切肤的感受。后来，他返回皇觉寺。到了1352年，当他感到天下大乱再难挽回，就又从皇觉寺里跑出来，投奔了当时正占据着他家乡濠州（凤阳）的郭子兴的造反队伍。

在郭子兴的队伍里，朱元璋战功卓著，逐渐被提拔为这支队伍的副帅。后来郭子兴病故，他的儿子郭天叙和另一员大将张天祐，也被叛将杀死。于是，朱元璋当然地成为这支队伍的首领。

从1356年到1368年，朱元璋最先是率军攻陷集庆（今南京），在江南站住脚跟；然后就是与西面的陈友谅和南面的张士诚较量，并最终将他们消灭；接着就是北伐，驱除元朝的势力。如果要回忆这一段历史，那将是非常耐人寻味的。然而，作为明朝的开国皇帝，朱元璋甚至根本没有功夫享受胜利的喜悦。马上得天下不易，而马下治天下更不易。胜利一经实现，他真正关心的，就是如何使他的大明江山长治久安。

“杀运”下的“严猛”治国方略

究竟怎样才能使国家长治久安呢？元末明初，人们普遍认为，宋朝和元朝之所以会亡，就是因为国家对社会和官吏都过于“宽纵”了，所以明朝一定要有“三十年杀运”。[1]宋朝的“宽纵”，史书上已记得很明白。宽，纠之以猛，宽猛相济，这是圣人古训。可是，这样的道理，要让元朝的统治者懂得，却并不容易。这些来自大草原的马背上的统治者，骄悍而能征善战，习于用武却疏于文治，“马上得之，马上治之”，[2]似乎与他们有着不解之缘。所以，尽管他们仿造了汉人的制度，并且有所创建，但由于他们对中国一贯的“文治”精神不甚了了，在他们的治下，政治只能依旧“宽纵”。而现在，太祖洪武皇帝朱元璋，鉴于宋、元的“宽纵”，坚信明朝的“杀运”，遂决意用最“严猛”的手段，来奠定明朝的治国基础。

洪武皇帝的“严猛”，至今想来仍令人发指。朱元璋在位期间，有四个大案，都弄得极其惨烈。其一为“空印案”，发生于洪武九年，即公元1376年。按照当时的制度，每年各地布政司、府、州、县，都有专人到朝廷户部，将这一年地方财政军需的各项收支“上计”。而户部对地方上计的考核，是根据地方上一年的上计数据，与地方当年的上计数字往往会出入较大。为此，地方上计的官员，通常都预备了盖有地方印章的空白账簿，以便根据户部的要求重新造册。这套办法，是元朝遗留下来的，行之已久，也的确容易产生弊端。但是，从地方到京城，毕竟路途遥远，地方上的情况又复杂多变，若往返核查，既费时，又费力，只能是得不偿失。然而，这样的事情，被朱元璋在无意中注意到了，遂断定其中一定隐藏着重大奸弊，马上立案侦察，把地方上数百名主管上计的官员都杀了，把辅佐他们的官员也杀了，而受到牵连、被用刑和流放的官员，总也有几千人。

空印案后，公元1385年，亦即洪武十八年，又发生了郭桓贪污案。郭桓是户部侍郎，其罪名是内外勾结，贪盗官粮共七百余万石。这个案子牵涉的面很广，朝廷各部和各行省的要员，许多都被牵连进去了。死于此案的，前后有数万人；民间中等人家，也大都被所谓的“追赃”弄得破产。朱元璋曾亲自开列郭桓等人的罪状。但当时就有大臣抗言，说法司对郭桓刑讯逼供，造成冤案。为了安定朝野人心，朱元璋不得已，一方面将郭桓的罪行公示天下，另一方面又把审理此案的吴庸等人杀了，算是对此案的善后。

除了上述空印案和郭桓案，洪武期间的另外两个大案，就是胡惟庸和蓝玉的“谋反”。明朝是在长期坚苦卓绝的战争当中建立起来的，颇有一批功勋卓著、胸有韬略的人物。这些人，往往专横跋扈，各自结成帮派。对他们，朱元璋当然更要“严猛”了。公元1380年（洪武十三年），朱元璋以“擅权植党”和“通倭”等罪名，开始追查丞相胡惟庸谋反案。此案前后共杀了三万余人，直到十年之后，身为开国功臣之首的李善长被杀，胡案的追究才算基本结束。

但是，三年之后，公元1393年（洪武二十六年），又发生了蓝玉案。蓝玉此人骁勇善战，军功卓著，但颇有些桀骜不驯。他曾因强占民田而被御史按问，最后是他把御史给轰走了。他出征蒙古，俘获了元主妃，与之通奸，受到朱元璋的训诫，却一点也无所谓。有一次，他出塞征讨蒙古军队，回来时过喜峰关，因为城门开得慢了些，他就命令士兵毁关入城。所有这些事，都给朱元璋留下了深刻印象。所以，当这一年有人告蓝玉谋反，朱元璋求之不得，马上严加追查。他不仅杀了蓝玉，平时与蓝玉直接或间接有点关系的人，也都受到株连，死者达一万五千人。

上述四案的特点，就是滥杀。但朱元璋在位期间的滥杀，又何止这四个案子。“用刑太繁”，而且“刑用重典”，[3]是他的一贯做法。那时，许多读书人，都不愿为明朝做官。但不愿做，并不等于可以不做。贵溪的夏伯启叔侄，苏州的姚润、王漠，都因为不肯做明朝的官被诛杀，家产也被籍没。[4]而一旦做了明朝的官，也够提心吊胆的。洪武时做官的人，哪怕并不贪暴骄横，而且小心谨慎，兢兢业业，未必就能够免遭刑戮。让读书人做官，又视之为奴仆，任意杀戮，这也是洪武政治的一个特点。

对付读书人，朱元璋还有非常厉害的一手，就是“文字狱”。他怀疑读书人，觉得这些人总是话里有话，对他们的言词总是非常计较。有官员上书，文中有“光天之下，天生圣人，为世作则”等语，朱元璋就起了疑心。他是做过和尚的，就怀疑臣下用一个“光”字，是讥刺他曾经剃光过脑袋。而“生”字与“僧”字偕音，则是暗指他做过和尚。至于“则”字，听起来好像与“贼”字同音，分明骂他是靠造反才做了皇帝的盗贼。[5]因为用字涉嫌攻击皇帝，许多文臣都蒙冤而死。中国历史上，以帝王之尊，这样对片言只字捕风捉影，大搞文字狱的，就从朱元璋开始。

明朝还有一种制度，叫“廷杖”。就是在朝廷之上，当众杖（或鞭）击大臣。洪武时，有一个叫薛祥的大臣，曾经立过不少战功。他在地方上做官，不仅办事很有效率，对百姓也仁慈。后来，他升任工部尚书。一次，工匠犯法，无端牵连了很多人，朱元璋下令全都处死。薛祥以为不可，坚持要求分清有罪无罪、罪轻罪重，竟救了上千人的命。这是个正人君子，朱元璋一度确实很欣赏他，但他最终就死在朱元璋的“廷杖”之下。⑥朱元璋崇奉佛教，用僧人为朝官，放任僧徒在朝廷上横行。朝官李仕鲁犯颜直谏，并掷还官笏，结果被朱元璋令武士当场打死。⑦儒士叶伯巨，也因为批评朱元璋封子孙为王太多，又滥用刑罚，而且求治心太切，硬是被下狱折磨至死。⑧

在洪武朝“杀运”的笼罩之下，宋元以来对官员的“宽纵”，的确风光不再，贪官污吏也确乎近于绝迹。但滥杀之下，明朝的士气也遭到了严重的摧残。

开国制度

对官员滥用刑罚，是洪武统治的一个方面。其根本目的，就是要使所有做官的人，不敢心存歹念，勤勤恳恳地为朝廷效忠。但是，为了使明朝的基业能够永远巩固，朱元璋还建立了一整套的政治和经济制度。

中国传统的政治体制，一向分为内廷与外廷。皇帝居内廷，通过专门的宫廷机构，与外廷沟通。而外廷是政府，有一套以丞相为首的机构。秦汉的时候，丞相的权力是很大的。不过，内廷的权力角色因为最靠近皇帝，弄不好也可以支配丞相。宦官赵高，为中车府令，掌管皇帝玉玺。始皇帝一死，他就勾结丞相李斯，矫诏立胡亥为皇帝而杀扶苏。后来，他做了郎中令，二世又昏庸无能，皇权成了他的手中的玩物，结果丞相李斯、二世皇帝都被他杀了。汉初，丞相的权力恐怕是最大的。刘邦死后，吕后称制，任意废立皇帝，杀刘姓王，封吕姓王，但政府还是由丞相掌管，天下也照样太平。等吕后一死，丞相陈平和太尉周勃，就把吕氏诸王都消灭了。一直到文景时期，汉朝丞相的权力仍旧很大。但汉武帝时，丞相的一些重要权力被划归内廷。外廷的权力小了，从此汉朝的丞相都做不成事情。那时有个叫黄霸的模范官吏，在地方上做郡守做得很好，宣帝时到京城做丞相，就变得无所事事。武帝死后，外戚大将军霍光掌权，就是利用内廷来控制外廷。后来外戚王莽篡夺汉家的皇位，其实也是因为掌握了内廷。

但是，相权过大，也会造成“权相”，威胁皇权。这也是中国历史上的一个大问题。汉武帝之所以要用内廷来控制外廷，原因就在于此。

从秦、汉到宋、元，在中国制度史上，相权就其总体而言，是被不断削弱的，但总也不免有权相出现。为了能彻底解决这个问题，朱元璋下决心要把这延用已久的丞相制度废除。

明朝废除丞相制度的第一个步骤，就是在公元1378年下令，各部大臣奏事，不许同时向中书省（相府）报告。[9]两年之后，即1380年，朱元璋以丞相胡惟庸阴谋造反为借口，宣布罢去中书省。从此，丞相就从中国历史上消失了，改由皇帝对政府进行直接控制，而这种控制的基本精神，就是内廷政治的扩张。此外，为了强化中央对地方的控制，明朝专门设立了布政司、按察司和都指挥使司，当时称为“三司”。它们都是中央的派出机构，而不是地方的一级政府。其中，布政司负责地方民政。其所辖的府与直隶州平级，为一级地方政府；下属各州与县也是平级的，是二级地方政府。地方的司法，由各按察司执掌；军事则由都指挥使司统领。皇帝直接控制中央政府，地方又直接受中央政府派出的三司分领，明朝的皇权由此得到了彻底强化。

天地生财有限，不在民则在官。这是中国人自古就有的看法。在一个农业社会里，土地的产出也的确非常有限。所以，对于一个大一统的中央集权制国家来说，必须尽可能多地去占有土地产出，以支撑巨额的国家财政。在这样一种关系中，剥夺地主对于地租的占有，是关键性的。我们在明朝的史书上可以看到，明初，国家曾大规模地没收地主土地，把地主迁出原居住地。此外，为了防止有人逃避赋税，朱元璋还下令对土地占有的状况，进行全国性的清查，实行了“鱼鳞图”和“黄册”制度，以杜绝土地隐占。

但是，上述措施，当时主要都是针对江南（大致包括今天的江苏、安徽二省的长江以南部分和浙江省，历史上也称为“江左”）的。朱元璋击败张士诚后，曾借口苏、松、嘉、湖地区的地主支持过张士诚，把那里的豪族地主和一般地主（富民）的土地都没收了，称为“官田”。他也曾做过一次就“徙江南富民十四万”的事。[10]至于土地清查，最先就是在江南搞起来的，而且也做得最认真。除此之外，朱元璋还对江南实行了重赋政策。一般而言，江南地区的官田、民田，要比其他地方同类的田，多出二倍的税，最重的地区，有每亩征税二三石的。江南富甲天下。当年，朱元璋因为军中缺粮而下江南；后来，他之所以能在江南站住脚，也是因为有充足的军需供给；而他能够北伐成功，靠的也正是江南的经济实力。由于数百年的战争破坏，中国无论南方北方，经济恢复得都很慢。只有江南一隅，自五代以来，就没有发生过大的战争，经济发展一直保持着上升势头，特别是在元末发展得更快。所以，明朝建立之初，其首要的任务，就是要充分地利用和榨取江南。至于对江南以外的地方，朱元璋的确减轻了剥削。用他自己的话，就是“鸟初飞，木初植，勿拔其羽，勿撼其根”。[11]

重赋江南，最初也许是洪武开国的一项权宜之计。借“空印案”和“郭桓案”而滥杀，也确实起到了对官员贪污进行威慑的作用。为能减轻国家的财政负担，朱元璋还建立了一种军户（卫所）制度。这种制度，使生产与养兵、练兵相结合，使军费开支不再依赖国家财政。对此，朱元璋曾说过，自己养兵百万，不费国家一粒粮。

对明朝的经济，朱元璋是有他自己的长远规划的。其基本方式，就是简化社会经济中的交换关系，为建立一个以实物为基础的国家财政奠定基础。为此，明朝伊始，朱元璋就下令民间禁用金、银交易（主要针对的是银。因为当时的交易中，金的用量是很少的），甚至还企图通过赋税征收金、银，并禁止开采银矿，消灭民间的金、银货币。在他看来，金、银这种东西，饥不可食，寒不可衣，却因为可以用作货币，浪费了许多人力去开采。他的希望是，有尽可能多的人去种田；老百姓如果都回到土地上，国家向他们征粮征役，不就很方便便了吗？可是当他的这种想法很快就被证明行不通时，他又觉得印制宝钞（纸币）是最好的办法。为了推行宝钞，朝廷不仅继续禁止金、银交易和开采银矿，甚至还下达过禁用铜钱的命令。

总而言之，在洪武治下，整个国家的政治一经济，是被置于非常严格的控制之下的。那时，社会上流传着这样一则偈语：

大千世界浩茫茫，
收拾都将一袋装。
毕竟有收还有散，
放宽些子又何妨？

据说这则偈语，最初是在朱元璋出游时发现的。当时，朱元璋在途中偶遇一废寺，进去一看，见寺壁上画着一布袋和尚，旁边就题着此偈。朱元璋看了大怒，见墨迹尚新，马上派随从武士四下搜查作此偈语的人，但终无所获。[12]明代的很多笔记上，都记载着这件事。可见，对洪武时“收拾都将一袋装”的政策，人们是有共识的。但是，我们不得不承认，在解决明朝立国的财政问题上，朱元璋的某些做法，未必没有他的道理和难言的苦衷。至于他的后继者如何来继承他的遗产，如何承上启下，则是另外一个问题。

然而，关于明朝的开国制度，还有朱棣统治

时期的两项创制，这里是必须预先点出来的。这就是我们在本书引言中所指出的那两项，即用宦官和大学士参预机要，以及迁都北京。明朝的立国，与朱棣的这两项创制其实关系极大。

“仁宣致治”与洪武祖制

朱元璋死后，继承皇位的，是皇太孙朱允炆，明史上称为建文帝。但是，经过四年的战争，朱允炆被他的叔父、燕王朱棣所率领的“靖难”军队所推翻。朱棣就是明成祖，历史上也称为永乐皇帝。

公元1424年（永乐二十二年），在亲率大军征讨蒙古的回师途中，明成祖朱棣病故，太子朱高炽继位，是为仁宗。对于自己的这个继位者，朱棣并不满意。据说，他长得很肥，又患足疾，路也走不稳。朱棣曾想过要废掉朱高炽，另立次子朱高煦为太子。但有大臣提醒他说，别忘了还有个“好圣孙”。[13]这个“好圣孙”，就是朱高炽的长子朱瞻基。

朱高炽在位，不到一年就去世了。皇太子朱瞻基继位，是为宣宗。宣宗在位也仅仅十年。

仁宗、宣宗共十一年的统治，明史上称为“仁宣致治”。

“仁宣致治”的出现，并不完全是承仰祖辈遗泽。朱棣为了迁都，一方面重建北京，一方面开通京杭大运河，耗费了大量的人力和物力。而要细算起来，他耗用的人力、物力，又远不止这些。他不断地派郑和率领浩荡船队下西洋宣示国威，又连年北征蒙古，还对交阯用兵，也不知给天下百姓增加了多少负担。所以，那时国库虽然还算充实，甚至有腐烂的粮食，但天下百姓却已是穷极了。公元1420年，当时还是太子的仁宗，被从南京召回北京。北上途中，经过山东布政司地界，他亲眼看见饥民遍野，老百姓家家锅底朝天。他责备前来迎接他的布政使，为什么对百姓的疾苦这样无动于衷。布政使说是遭了天灾，已奏请朝廷免收当年的秋粮。他当即训斥说，人都要饿死了，还讲什么免税，应该赶快放粮赈济。⑭

正因为深知百姓穷困，仁宗一登基，就停止对蒙古用兵，也不再派船队出洋，同时把一些工程也停建了。成祖时，为充实北京新建的宫室，派人四出采办宝石、金珠和各种烧铸器皿。这些事，现在也都被下令取消。除此之外，宫中日常用度，仁宗也力求减省，更不许随便向百姓征取。他还下令，凡地方受灾，田赋一概减免，并由当地官府开仓赈济。

就减轻百姓的负担而言，仁宗不仅远胜于他的父亲，也超过了他的祖父。但他减轻百姓负担之所以能成功，与他的祖父为明朝奠立的基业有关。我们曾经讲过明初四大案，以及对地主的强迫迁徙。胡惟庸案和蓝玉案，几乎把当年为明朝打江山的那批军功地主都杀光了。这是一个具有许多经济特权的阶层。他们占有大量的土地，享受着一些免税、免役的特权。除此之外，他们还利用自己的某些权力和特权，非法隐占土地和人口，而不向国家交税。比如，前面我们提到过，蓝玉强占民田，御史前去调查，竟被他赶走了。御史为什么要调查这种事情呢？很简单，民田本来是要向国家交纳赋税的；现在被蓝玉霸占了，国家就收不到税了。

大批军功地主被杀，田产被没收为“官田”，原来耕种这些土地的农民，就顺理成章地为国家所控制，并且向国家交纳赋税。这是洪武皇帝留给后代的一笔重要遗产。同样，对空印案和郭桓案的追查，也会产生这样的效果。特别是郭桓案，弄得民间中等人家几乎全都破产。这些“中等人家”的田产，当然也都成为“官田”。

战国以来，国家、地主与农民三者之间的关系，一直是非常微妙的。对国家而言，地主（身份性的或非身份性的），这些人要么有财，要么有财又有势，可以通过种种手段勾结官府，以逃避国家的赋税。所以，地主越多，国家的财政收入就越少。在这种情况下，国家为了维持财政开支，不得不加重对自己所直接控制的农民（自耕农）的剥削。而这些农民，因为忍受不了这种剥削，会去寻求那些有特权的地主的保护。一般来说，他们总是把自己的土地卖掉，然后去种地主的土地，向地主交租。

这种情况的最终结果，一定是国家与地主的利益发生严重冲突。由于地主在政治上，一般总是国家统治的一部分，所以，当这种冲突发生时，特别是当它变得激烈而难以调和时，统治集团内部的分裂就难以避免。而更为严重的是，这种分裂，同时也是国家与整个社会的对立。中国自古以来，最令统治者头痛的一件事，就是“富者田连阡陌，贫者无立锥之地”。其实，这是“贫者”大部分跑到了“富者”的土地上去，甚至连人身自由都不要了。在这种情况下，国家财政难以为继，就要搞改革。如王莽篡夺了汉朝，可绝大部分土地却掌握在地主手里。他于是宣布实行“王田”制，要重新分配土地。可是谁会支持他呢？普天下的人，大都已依附于地主。地主反对他，就等于朝野都一致反对他。所以，历朝历代，国家虽说是地主的国家，却还是要用许多手段来与地主争夺土地和人民。孟子曾经说过，战国时的那些诸侯，他们治理国家有三件事是最重要的：一是土地，二是人民，还有就是政事。孟子讲的这个“政事”，就是诸侯怎样把土地和人民牢牢地掌握在自己的手中。

有了这样的分析，我们就可以懂得，洪武时期对四大案件的追查，以及对地主的大规模迁徙，其实是对当时的地主阶级的一次大扫荡。正是在这个基础上，洪武皇帝朱元璋，已为明朝培植了一个人数众多的小农阶层。我们知道，这样的小农，他们的生产成本是非常低的，只需要很简单的生产工具，就能从事生产；只要风调雨顺，减轻剥削，就可以迅速地将生产恢复；而因为人数众多，每家每户从自己极少的产品中拿出一些来交给国家，就可以形成非常可观的大国效应。

总而言之，洪武皇帝的确为明朝建立起一个很好的经济基础。但是，即便如此，轻徭薄赋的政策在太短的时间里，仍不可能收到明显的效果。在做了不到一年的皇帝后，仁宗就去世了。就在他临去世前，一个叫杨士奇的大臣上书说，虽然皇帝的恩泽已遍及天下，但流亡的百姓还没有回到土地上去，国家所受的损失也还没有恢复，老百姓要吃饱饭还很艰难，要想天下太平，还须让百姓继续休养生息。⑮

仁宗的继承人是宣宗朱瞻基，也就是朱棣喜欢的那个“好圣孙”，他登基后，一意遵循了仁宗让百姓休养生息的政策。当他初即位时，有大臣向他报告，说老百姓当初逃亡，当地官府因为害怕朝廷追究责任，就没敢报告户部，所以欠下的税粮一直没有免除；如今这些百姓回来了，地方上如果向他们征缴欠税，这些人又要逃跑了。看过这一报告，宣宗马上下令，将此类欠税一律免除。⑯

在宣宗统治的十年间，免税、赈灾之类的事，一般都做得很认真。宣宗即位的第二年，即公元1427年，他甚至下令将来年的税粮，一律减免三分之一。后来，他还曾下令将全国“官田”的税粮减去十分之三。[17]（但当时这道命令并没有马上执行）至于什么地方受灾了，那不仅要随时减税、免税，还要给予赈济。对于“扰民”的事，宣宗也总是力求罢除。有官员提议采珠，当即被他以“扰民求利”的罪名关入大牢。[18]自成祖以来，明朝对交阯的战争，前后用兵数十万，军费百余万，还不算辗转运输的费用，至宣宗时也终于放弃了。[19]

对于官吏贪污受贿，宣宗更是深恶痛绝。洪武时，因为治政“严猛”，官吏是非常谨慎的。但是，经过永乐朝，到了宣宗时，已经“贪浊成风”。对此，宣宗开始处置得还比较缓和。按当时的法律，官员犯法，是可以用钱或物来赎罪的。但宣宗不久就下令，如果是文官，犯了贪污罪，就不许以钱物赎罪，更不许重新任用。宣宗这样做，是很有道理的。自古以来，文官在人们心目中，就是熟读圣人之书的正人君子，是天下人的楷模。如果文官也贪污，廉洁就不会再具有道德训诫的作用。在宣宗的眼里，“惩贪为立国之大法”，官员们都必须好自为之。[20]那时，有一个叫刘观的人，做过御史，历事洪武、永乐、洪熙三朝，因为贪污，被流放到辽东，并死在那里。[21]

宣宗逝世于公元1435年（宣德十年）。史书上说，他登基以后，官吏称职，政治稳定，国家的法律都得到了严格的执行，国库很充实，百姓安居乐业，甚至发生自然灾害，也不会使人民流离失所，“治平之象”已蒸蒸呈现。[22]

“仁宣致治”与江南经济

中国历史上的所谓“治世”、“盛世”，包括很多方面。比如帝王的纳谏和任人唯贤，比如国力强盛，比如百姓的安居乐业，等等。但是，从根本上说，这一切都是以经济力量为前提的。可惜的是，即便是到了仁宣时期，明朝经济在总体上，仍不能说有很大发展。“仁宣致治”，主要是建立在明朝对江南赋役调整的基础之上的。

前文业已指出，明初国家财政主要取自于江南。但是，此所谓国家财政，仅仅是指明朝的中央财政。据《明实录》载，洪武时，全国夏税秋粮总计约两千九百四十万石，其中江南约七百二十万石，为全国税粮的四分之一强，而当时中央政府的财政，又绝大部分取自江南。洪武时期，江南人民交纳税粮，路程较近，需要长途北运的税粮较少。但到了成祖迁都时，京杭大运河已修通，江南税粮已大批北运。由于路途遥远，往返将近一年，不仅耽误农时，还要耗去几倍的运费，都要由百姓自己承担。唯此，江南百姓不堪负担，农业生产遭到很大的损害，而偷逃税粮的事情也十分普遍。《明史》上说，当时各地的税收都很紊乱；尤其是江南，宣德五年（1430年）之前，仅苏州一府，四年中积欠的税粮，竟达到八百万石。在这种情况下，宣宗接受杨士奇的建议，诏令江南官田税粮各减十分之二或十分之三不等，并派朝廷重臣周忱巡抚江南。周忱发现，当时江南的税粮交纳和保管，有很大的制度上的漏洞，致使税粮损耗很大，而这些损耗都必须由百姓承担。为此，周忱对税粮的交纳和储藏，重新作了规定，严格了保管制度，大大减少了损耗。与此同时，他还与当时主管漕运的大臣陈瑄一起，重新制定了新的运输办法，大大缩短了江南百姓漕运税粮的路程，并大大降低了漕运成本。经过这样的改革，江南百姓的负担大大减轻了。如苏州府，经周忱与知府况钟的努力，不仅原来积欠的税粮绝大部分都被免除，而且还将每年应缴的税粮减少了七十二万石。[23]

中国历史上，向来就有“理财”的说法。周忱在江南的“理财”，大大减轻了江南百姓的负担，使明朝的这块赋税重地能够继续繁荣，保证了明朝中央政府的财政稳定。“仁宣致治”的出现，这是一个关键。

注释：

①关于明朝有三十年杀运的说法，往往见诸明人文集和笔记。

②参见孟森《明清史讲义》，中华书局1981年版，第29页。

③《明史》，中华书局1974年版，卷九十三。

④《明史》，中华书局1974年版，卷九十四。

⑤《国朝典故》，北京大学出版社1993年版，卷三《翦胜野闻》，第61页。

⑥《明史》，中华书局1974年版，卷一百三十八。

⑦《明史》，中华书局1974年版，卷

一百三十九。

⑧《明史》，中华书局1974年版，卷一百三十九。

⑨郑晓《今言》，中华书局1984年版，第9页。

⑩《明史》，中华书局1974年版，卷一百二十七。

⑪《明通鉴》，中华书局1959年版，洪武元年。

⑫《国朝典故》，北京大学出版社1993年版，卷三《翦胜野闻》，第55页。

⑬《明史》，中华书局1959年版，卷一百四十七。

⑭《国榷》，成祖永乐十八年。

⑮《明通鉴》，中华书局1959年版，仁宗洪熙元年。

⑯《明通鉴》，中华书局1959年版，宣宗宣德元年。

⑰《明通鉴》，中华书局1959年版，宣宗宣德二年。

⑱《明通鉴》，中华书局1959年版，宣宗宣德三年。

⑲《明通鉴》，中华书局1959年版，宣宗宣德二年。

⑳《明通鉴》，中华书局1959年版，宣宗宣德三年。

㉑《明史》，中华书局1974年版，卷一百五十一。

㉒《明史》，中华书局1974年版，卷九。

㉓《明史》，中华书局1974年版，卷一百五十三、一百六十一。

二　政治的恶化与败坏

明朝的政治恶化，就在于废相之后所建立的“绝对皇权”。在这样一种权力结构中，“守成”成为一种趋势，而制度上的种种弊端，便在这种趋势中潜滋暗长。这是仁宣以后明朝历史的基本特点。

绝对皇权与“守成”之势

朱元璋废除丞相，目的就是要建立一种“绝对皇权”。而实际的情况是，在废除了丞相之后，朱元璋并没有真正废除相权，而只是由他自己来行使相权。一直到他去世，他都非常“勤政”。为了提高“勤政”的效率，这位洪武皇帝甚至强令他的臣下，所有奏章都必须写得短而又短，并且必须按照指定的格式。可就是这样，他还是忙不过来。于是，他又设立了殿阁大学士制度，找了一些读书人跟随身边，供自己咨询。对历史上的宦官或后妃、外戚干政，朱元璋是深恶痛绝的。他就是再忙不过来，也决不用这些人来协助自己。特别是对宦官，他曾特别下令，不许他们读书识字。所以，对于朱元璋来说，他所建立的“绝对皇权”，其实只是“皇权+相权”。[①]

这种权力的“加法”，对继承皇位的建文帝，是灾难性的。建文帝初即位时，朝廷不仅有军队驻扎在北平城中，而且在北平周围，还有六十万的兵力可供调遣。但尽管如此，他还是无法阻止燕王朱棣起兵。而朱棣起兵之后，跟朝廷打了四年的仗，虽说是败多胜少，攻下的州县也都不肯归顺，始终只能以北平和保定二府为根据地，[②]但他却是最终的胜利者。此事甚难理解。于是，当时和后来，都有很多人以为是天命难违。其实，仔细想来，真正重要的原因，就是因为建文帝没有他祖父那样的治政经验和权威，所以根本没有能力来做好祖父留给他的这道权力的加法。那时，建文帝上朝晚了些，就有臣下进谏，说朝政因此被耽搁了；要求他能像他的祖父那样，天还不亮就起床，太阳还没出就朝见群臣。[③]

对于废相一事，建文帝是不满的。但碍于“祖训”，他始终不敢恢复宰相，而只是将朝廷六部的权力加强。但再怎么加强六部权力，都不可能弥补作为政府中枢的相权的缺失。然而我们发现，当1402年（建文四年）朱棣攻入京师时，明朝的内廷（禁中）已设立了内阁机构，并备有特制的“文渊阁”印。[4]这件事暗示着，建文帝最终已经认识到，明朝在权力体制方面所面临的问题。我们不能去猜测，如果建文帝胜利了，他所建立的内阁一定会是个什么样子。我们只知道，朱棣登基后，尽管史书上称他“革除”了建文时期所有变乱“祖宗法制”的做法，但他却恰恰保留了建文帝设置的这一“内阁”，并立即召文臣入阁参预朝廷机要。事实表明，至少从这时起，相权通过阁权，而转化为皇权本身。从此，明朝的权力体制，已不再是做“皇权+相权”的加法了。

要懂得阁权是皇权而不是相权这个道理，就必须明了与之相连的“票拟”和“批红”制度，以及宦官参预朝政的制度。宦官参预朝政，是在明成祖朱棣统治时期。到了宣宗时，宫中甚至专门设立了内书堂，教宦官读书识字。[5]这种违背洪武祖制的做法，目的显然是要利用宦官来强化内廷政治。后来，明朝官员的奏章，都必须经宦官之手而呈交皇帝；而这些奏章在呈交皇帝之前，一般已经由司礼监的秉笔太监先看过。秉笔太监的责任，是扼要地向皇帝汇报这些奏章的内容。皇帝则是在听过汇报之后，提出一些非常原则性的处理意见，并亲自查阅那些被认为是最重要的奏章。显然，在预闻朝廷机要方面，司礼监比内阁更受到皇帝的重视。

但是，皇帝并不会让司礼监凌驾于内阁之上。按规定，除非奏章被“留中”（皇帝不予答复），否则必须与内阁大学士见面，并由内阁大学士根据皇帝的指示，另纸拟定具体的处理办法。这种制度叫作“票拟”。“票拟”制度的确立，使内阁在参预国家机要方面，有了些建议权，而这恰恰是司礼监所无的。然而，内阁“票拟”之后，还须经皇帝红笔批复方能生效。这种制度叫作“批红”。没有“批红”，“票拟”就起不了作用。由于皇帝经常把“批红”的事，交给亲信的宦官去做，内阁的建议权实际上又受到司礼监的限制。但无论“票拟”，还是“批红”，最终是受皇帝的控制的。[6]内阁大学士无非是皇帝的家臣，司礼监的太监们也只不过是皇帝的宫奴。毫无疑问，在这样的权力体制中，相权已不复存在，有的只是“绝对皇权”。所以，我们说，只有当内阁制度建立起来之后，明朝的相权才真正被废除了。这阁权所代表的，不再是相权，而是皇权的进一步扩张。正是在这样一种权力结构之下，皇权才真正实现了对政府的直接控制。

从宣宗时期开始，内阁大学士又往往兼任尚书职务。从此，外廷主事的官员，往往是品位较低的副职，对内廷只能唯命是从。这与内廷之中尽是家臣和宫奴的情形，正相契合。在这样的状态之中，久而久之所养成的，只能是一股因循守旧的风气。而这一切，在恪守“祖宗成宪”的说辞之下，被美化为做官的最好品格。于是，在“绝对皇权”的笼罩之下，所谓“祖宗法制”，是决不允许怀疑并加以改正的。按《明史·刑法志》所说，因为认定祖宗的法律已“斟酌损益”得非常周到，大臣中一旦有人建议修改，就会被戴上“变乱祖制”的罪名；结果是不合时宜的法律，不知生出多少弊端。而据《明史·食货志》记载，周忱在江南整顿赋役，因为提请朝廷把松江府官田税粮，减到与民田同等，户部就纠劾他“变乱成法”；好在宣宗尽管没有接受周忱的建议，却也没有论他的罪。在《明史·职官志》中，官员上书建议“变乱成宪”，也被列于应予纠举的范围。总而言之，一种“守成”的趋势形成了。

知有“八股”而不知有“经义”

宋朝有个理学家叫张载，他认为读书人的责任，就在于“为天地立心，为生民立命，为往圣继绝学，为万世开太平”。在他看来，是读书人，就应该继承和弘扬儒学的正心、诚意、修身、齐家、治国、平天下的精神，使其传之久远。宋朝的读书人中，有张载这样志向的很多，他们都是想要读书明理的人。但明朝的许多读书人就不一样了。这些人，读书不是为明理，而是为了做官，对正心、诚意、修身、齐家、治国、平天下的道理，根本就不愿意领会。而他们之所以如此，则要从科考中的“经义”说起。

我们知道，隋唐的时候，科举考试中是没有经义一门的。那时，科举以明经和进士二科最重要；但进士又重于明经。至于明经科的考试，则分为“帖经”和“墨义”。帖经就是取经典中某一段，用纸条贴掉其中的一些文字，让考生背出来。这种办法，就跟我们今天的填空差不多。至于墨义，就是考官抽取一句经文，让考生笔答有关的前人注疏，或者写出它的前后文。墨义有时也采取口答的形式，当时称“口义”。无论帖经，还是墨义，都在于测试考生对经典是否烂熟，而不在于考察他们对经典微言大义的发现和阐释。这样的考法，对于考生的要求，恐怕是太低了。所以，明经科的考试，后来又增加了“时务策”一门。考试的办法，是考官就国家的“时务”，提三个问题，由考生笔答，以考察考生是否有治政的见解。至于进士一科，唐朝最初仅试“时务策”五条，但后来又增加了帖经和杂文。杂文一门，最初要试多种文体，慢慢地，就只作诗赋了。唐朝的科考，重诗赋而轻经（帖经、墨义）、策。这是当时重文学的风气使然。中唐以后，科考中往往加试“论”。“论”的对象，是经书和史书中的题目，跟“策”专门讨论“时务”是不一样的。

上述唐朝的科考办法，到北宋王安石变法

时，有了很大的改变。当时，王安石将明经等科都并入了进士科，取消了诗赋、帖经和墨义，而增加了“经义”一门，与策、论并驾齐驱。所谓经义，就是以儒学经典中的某一句或几句，或某个段落为题，让考生阐发其中的义理，以考察他们对儒学微言大义的理解力。这样的考试，当然在宋朝时就已出了问题。首先，考试经义的目的，就是要使士人的思想，能够思圣人所思，想圣人所想。于是，凡经义考试，不过是要参加考试的士人，讲出圣人的意思。另外，既然做官必须以科考为门径，而科考又主要以经义为门径，这就很难避免读书人用考试的态度来对待经典。在这种情况下，读书人对经典原文和前人注疏不再理会，而是择取经典中可以为题的文句，写成经义文章，再就是把那些中选的文章拿来背诵摹仿。这种情况，在南宋时已如此。但宋朝是热衷于“养士”的，对读书人很优容。所以，两宋时的读书人，除了热衷科举，研究学问的风气也很浓。那时有一种风气，就是希望通过研究学问，来搞清楚天下的道理。无论北宋、南宋，许多做大官的人，都是大学问家。所以，尽管有科考经义之流弊，但学问的风气对这种流弊还是有制约的。

然而，经过元朝的统治，儒学已经不振。元朝有“九儒十丐”的说法，正折射出那个时代儒学的寒酸。在这样一种政治和社会的背景下，儒学作为一种学问，确实已到了存亡绝续的地步。与此相应的是，元朝的科考虽然也考经义，但科举的规模既小，又不为国家和社会所重视，所以也没有什么影响。

到了明朝，科举又受到重视。问题是这时的科举，已没有了像两宋那样的学问背景。而且，正是在朱元璋和朱棣统治时期，又有不少算得上是硕果仅存的儒学中人，被以各种各样的罪名杀害了。这使明朝的儒学，更趋于不振。在这样情况下，明朝重科举而轻学校，儒学的颓势就更难挽回了。重科举而轻学校，用我们今天的话来说，就是重考试而轻学问。唯此，经义之科考，就是使学生只知道记诵经典，而不是去思考和研究它的义理。没有了学问背景，所有关于正心、诚意、修身、齐家、治国、平天下的道理，都仅仅成为通向仕途的敲门砖，用完了就可以将它们束之高阁。这样一来，不仅是使好的道理都变成了毫无意义的东西；而更为严重的是，自古以来都被认为是神圣的东西，就在这种毫无意义之中，被亵渎得没有一点神圣的意味。于是，一方面是士子们在科场上摹仿着经典中的圣人语气，讲着圣人们已经讲过的道理；另一方面就是拼命地在文章和修辞技巧上下功夫。渐渐地，一种有关经义的“八股”文体就形成了。这种文体要求每篇文章都有破题、承题、起讲、入手、起股、中股、后股、束股等步骤。破题就是用两句话点明题义。比如我们以“食”为题，叫学生作八股文。学生首先写：“民以食为天，人不吃饭是要死的。”这就是破题了。破了这个题，学生又写：“古往今来，无一人可以不吃饭。”这大概可以算是承题。然后起讲，然后入手，写几句都有规定。不过，上面举的这个例子，只有“民以食为天”，算是圣人讲的话。当时如果出这样的题，则必须句句用经典里的话来说。至于起股、中股、后股、束股这四个部分，不但要用经典里的话，还要求各股文字都相互对偶。诗歌的对偶，或五言，或七言。至于骈文，对偶不过十言。八股的句子很长，一股或数十字，甚至上百字，要对偶就非常难。这样一种形式，可能对练习文字功夫有些好处，但对人的思想，则是一极大的限制。实际上，用八股文来写经义文章，其实已没有任何的“经义”。明末清初的顾炎武，说八股文的害处，就好像是秦始皇焚书，而它对于人才的败坏，则比秦始皇坑儒还要厉害。在一个没有学问背景（当然不会是完全没有）的环境中，让读书人把正心、诚意、修身、齐家、治国、平天下的道理，都拿来做博取功名的敲门砖，那读书人哪里还会有什么信念和操守。

“资格”之弊

科举制，其实就是文官考试。明初，朱元璋急于求治，曾连着三年举行考试。他下令，凡是没有经过科举考试的，不给官做。但后来发现，考取的都是些后生少年，能学以致用的很少。于是，他又下令把科举停了，让臣下向朝廷推荐人材，称荐举。但过了十年，他又恢复了科举，并制定了新的考试规则。从此以后，科举渐重，荐举渐轻，以后就慢慢地废弛了。

明朝的科举分三级。考府、州、县学，录取了为县学生，也称生员，俗称秀才。生员参加乡试，中试者为举人。举人进京参加会试，中试者由皇帝亲自廷试，也称殿试，分一、二、三甲。一甲赐进士及第，二甲赐进士出身，三甲赐同进士出身。一、二、三甲又统称进士。进士被安排到朝廷各衙门“观政”，又称“观政进士”。让进士“观政”的目的，主要是让他们熟悉政府衙门通常是怎样处理政务的；进士入翰林“观政”，为庶吉士。“观政”的目的，在于为朝廷储备和培养人才。培养、储备人才的方法，古已有之。但明朝培养、储备人才，要么是已经进士及第的，要么就是二、三甲进士经过“馆选”，入翰林为庶吉士的。公元1458年（天顺二年）以后，进士只有入了翰林院，才允许入内阁任职；礼部尚书、侍郎（尚书的副职）、吏部右侍郎，这些重要职务，也是如此。至于一旦成为庶吉士，那就是候补的内阁大学士了。总而言之，只有进士及第，入翰林院为庶吉士，才能做大官。[7]

除了荐举、科举，明初做官的途径还有国子学。国子学后来改为国子监，也称太学；学生通称为监生，也叫太学生。监生分官生和民生两类。品官子弟入国子监，称荫监；还有一种恩生，是皇帝的特赐。民生有举监、贡监和例监。朱棣统治时期，曾下令在会试落第的举人中，选送一些特别优秀的，入学国子监。举人入国子监，就叫举监。明制，府、州、县也按朝廷的规定，选送学校生员入国子监，称贡监。贡监又有不同名目，如岁贡、选贡、恩贡、纳贡等。还有一种人，是捐资入监的，称例监。监生无论官民，都享受官费。国子监的学生做官，是不必参加科举的。他们读完了一定的课程，经过衙门“历事”，就可以直接去做官了。这种做官的途径，当时称为“举贡”。举贡“历事”，大概与进士的“观政”，用意是一样的，当时称为“历事监生”。

洪武时，除了荐举，监生也很受重视。公元1381年（洪武十四年），朱元璋曾亲选监生二十四人任府、州、县官。至洪武二十六年，又选拔监生六十四人，任布政使、按察使以及参政、参议、副使、佥事等官。那时候，许多主持一方的大官，都由监生出任。《明史·选举志》上说，当时无论京官还是地方官，大多是太学生。但是，洪武以后，科举就越来越重了；选官重进士而轻举贡，终于成为制度。开始时，做大官的一定要是进士。久而久之，凡州、县以上的官，都只用进士，不用举贡。到了后来，上等州、县掌印官缺员，也一定要用进士来补；中等州、县掌印官缺员，则用举人补；只有下等州、县掌印官缺员，用贡生补；举人、贡生若要做到知州知县，那一定是在广西、云南、贵州等边远地区。

资格在读书人的仕途上，变得这样重要，也就难怪那时的读书人，想要做官的，都只往科举一途上奔竞，只知道如何考试，却把学问看得轻了，以至于对传统的经典根本失去了兴趣，对治国的原理也毫不关心。如此一来，学校的作用，倒好像是为了训练科举。其实，科举的目的，本来只在于选拔人才；培养人才的事，则是要由学校来做的。

更为严重的问题是，既然资格变得这样重要，那些身为进士的人，只要看到举贡出身的人身居要职，就会群起而攻之。顾炎武在他的《日知录》中说到，难得有一两个举贡，因为受到皇帝的欣赏，被提拔做了大官，那些进士出身的人，一定会竭尽全力来攻击他们，想方设法要制造罪名，好让皇帝把他们逐出朝廷，甚至非要置他们于死罪才甘心；在这样的逼迫下，凡不是进士出身的人，便不得不投靠那些有地位的人，以求得保护。对此，顾炎武非常痛心。因为，这样一来，就形成了所谓的“门户”。有门户就会有朋党。朋党各以门户之见，党同伐异，就形成了党争。

自古以来，中国人总是讲君子和小人，日月不可同辰，冰炭不可同器。但是，朋党一旦结成，小团体的利益就会高于一切；即使原来是君子，却难免变成小人，争斗起来也一定是你死我活、不择手段。明朝的朋党，自中叶以后日甚一日，其中原因很多。但门户始于资格，而盛于朋党，却是事实。所以顾炎武说：“资格与朋党，二者牢不可破，而国事大坏矣。”⑧

官吏的贪浊与猥琐

成书于元末明初的《郁离子》一书，其中有一篇名为《养鸟兽》的短文，非常值得玩味。现译成白文如下：

> 鸟兽与人是不一样的，可以通过各种办法驯服它们。人用来驯服鸟兽的办法真是太多了！鸟兽本来以山林大泽为家，把它们养在樊笼之中，当然不符合它们的本性。但最终能驯服它们，是因为能使它们的嗜好得到

满足。现在有人养鸟兽而不能使它们驯服，原因在于没有满足它们的心之所欲，没有让它们住在他们喜欢住的地方，而是强迫它们违背本性，使它们只有死路一条，哪里还能被驯服？人与人为同类，人的欲望是相通的，不像鸟兽无知，难以理解。但是，现在却要夺走他们所喜欢的，又要把他们所不喜欢的东西强加给他们；他们所欲的要绝对禁止，而他们所不欲的一定要强迫接受。这样能使他们心悦诚服吗？如果凡事都不能让人们心悦诚服，而是迫于不得已，那要使他们好好地为国安民，恐怕尧、舜都做不到。

《郁离子》的作者刘基，是明朝的开国功臣。明朝建立以后，他在如何治国的问题上，与朱元璋产生了严重的分歧。在刘基看来，“霜雪之后，必有阳春”。[9]对明朝有“三十年杀运”的说法，他是很不以为然的。他著《郁离子》，一般都认为是在讲元末的事情。其实，其中讲的许多都是明初的事。只是因为采用了“设喻取譬”的形式，读的人就不太容易发现。至于《养鸟兽》这篇短文，一望即知是在隐喻朱元璋对做官的人的那种苛刻和严猛。显然，在刘基看来，用严猛的手段去压抑做官的人的正当欲望，是不可能使他们心悦诚服的。在《郁离子》的另一篇短文中，刘基还指出，就像“石激水，山激风”一样，严刑苛法具有“激奸”的作用。[10]但刘基死得太早，没能看到自己的预言很快就成为明朝的现实。

实际的情况是，在朱元璋死后的二十多年里，明朝官吏贪污受贿、弄奸作弊的事情，很快就变得严重起来。宣宗初继位，一位官员就上疏说，国家发给官员俸禄，就是为了要养成他们的廉耻之心；明朝的官俸是历朝最低的，大多数官员的俸禄，除了折钞的部分，剩下的每月只有两石，不够几个人吃的；他们上要养老，下要育小，再加上送往迎来，一应开销都没有着落；结果是贪赃的人放肆地图谋私利，廉洁的人穷得要死却无处诉苦。[11]

宣宗继位的第二年，有一天，他召见大学士杨士奇和杨荣，说祖宗的时候大臣们都非常谨慎，可近一年来已是“贪浊成风”，不知是什么原因。但是，这两位大学士似乎都不赞成他的这种看法。杨士奇非常含混地说，官吏贪浊的事情，在永乐末年已经有了，现在只是更厉害而已。杨荣更是答非所问，说永乐时最大的贪官是兵部侍郎方宾。宣宗问他，那么如今最大的贪官又是谁。杨荣说是刘观。其实，无论方宾，还是刘观，都是朱棣旧臣。朱棣的大臣中，还有一个叫吴中的，做过工部尚书。此人为了巴结宦官杨庆，用公家的材料为他建造了宏壮的私宅；[12]而自己更是沉湎于声色货利，家有宠妾数十。[13]可见，因为俸禄太低，洪武时的“严猛”刚刚过去，官员中贪赃的事情便接踵而来。所谓“贪浊成风”，其实在永乐时已经如此。

但是，在那时的官场上，比贪浊更为可怕的，是官员的猥琐。上面提到的杨士奇和杨荣，还有一个杨溥，明史上称为“三杨”，都是当时有名的道德君子。但这三个人，虽不贪浊，行事却极其猥琐。宣宗死后，继位的英宗只有九岁，于是太皇太后让他们三人“辅政”。不幸的是，他们对英宗宠幸的宦官王振，简直怕得要命。如宦官王振想在朝廷中安插亲信，问他们京官中有没有自己的同乡，他们马上就向王振推荐了薛瑄。薛瑄升了官，他们又让大学士李贤转告他，要他去向王振道谢。难得薛瑄倒是正直的儒者，对三杨向来是敬而远之的，还曾拒绝过他们的召见。他对李贤说，自己受朝廷的委任，怎能谢恩于私门。[14]

与薛瑄这样真正的正人君子相比，三杨为人的猥琐，就暴露出来了。不过，与当时官场上的那种令人发指的谄媚相比，三杨的猥琐，不过是小巫见大巫。工部郎中王祐，对王振一直是极尽谄媚。据说他长得很漂亮，却没有胡子。一次，王振问他为什么不长胡子。他竟说："老爷所无，儿安敢有？"[15]像这样谄媚王振的，又何止一个王祐。那时，朝中公卿，往往有称王振"翁父"的。翁就是公公，即太监。翁父，用我们今天的白话来说，就是"太监爸爸"。更有甚者，如兵部尚书徐晞等人，见了王振，居然忍不住屈膝下跪。[16]像这样的事情，如果不是官场上普遍的道德堕落，我们是很难想象的。

官场上的猥琐，到了宪宗的时候（1464—1487年），变得更加严重了。那时除了每天的朝会，皇帝很久不召见大臣了；而朝会时，皇帝高坐大殿之上，与大臣们悬隔甚远，连看都看不清楚。于是，大臣们纷纷上言，说皇帝应经常召大臣们面议政事。大臣们这样嚷嚷，宦官们也不能硬顶着。于是，司礼监与大学士彭时、商辂和万安约定，待某日上朝后，皇帝将亲自召见。但太监又叮嘱大学士们，初次召见，感情还未融洽，不许多说话；说不完的，等以后熟悉了再说。

在司礼监的安排之下，这三位大学士终于近距离见到了宪宗。他们告诉皇帝，天上出现了彗星，是不祥之兆。宪宗说知道了，要他们尽心尽力为朝廷把事情做好。他们又说，朝廷要减少京官的薪俸，武官们有怨言，还是按老办法好。宪宗很轻易地同意了。可宪宗的话音刚落，大学士万安就边叩头边呼万岁，准备退下。彭时和商辂本来是还想说些什么的，见万安这样，竟也不敢再说下去，照样叩着头呼着万岁退下。事后，有司礼监宦官对朝臣们说："你们这些人总是说皇帝不召见，可见了皇帝，却又只知道呼万岁。"这件事被传笑了好一阵子，这三个内阁大学士则被戏称为"万岁阁老"。彭时和商辂，都是当时有名的正人君子，其猥琐相一至于此，可见当时对所谓君子的要求，已低得不能再低了。

至于万安，则完全是个奸佞之人。此人一向讨好宦官。一位同僚提出想面见皇帝。他就劝这位同僚，说有什么建议，告诉太监就可以了，让太监去跟皇帝讲。宪宗宠爱万贵妃，万安就通过太监跟万贵妃套近乎，甚至对这个比自己小十几岁的女人称侄。就凭着这样的无耻，万安在内阁做了十八年。宪宗死后，继位的孝宗在宫中发现一个书箧，里面放的是一本有关房中术的书，书末竟写着“臣安进”三个字。孝宗大怒，命人拿着这书到内阁去责问万安。当时，万安又愧又怕，大汗淋漓，仆伏于地而不能出声。[17]于是有人上疏，历数万安罪状，指责他“面似千层铁甲，心如九曲黄河”。[18]这样的奸佞之人，竟然久居内阁，与彭时、商辂这样一些道德君子彼此相安，也可见当时官场的萎靡了。

明朝自“三杨”后，朝廷上奸险小人和猥琐庸懦之辈居多，贪污无耻已习以为常。到了武宗时（1506—1521年），朝廷风气更是坏到难以收拾的地步。宦官刘瑾等整日引诱武宗游戏，好使他不问朝政。于是，内阁大学士刘健、谢迁等人连连上疏，请诛杀刘瑾；朝中也有不少大臣支持他们。但是，整个朝廷之中，这样的人毕竟占不了上风。大学士李东阳，虽然反对皇帝沉湎于游戏之中，却绝不敢与刘瑾等抗争。吏部尚书焦芳，则乘机向刘瑾告密。结果是朝廷中的正人君子全部被逐，焦芳入内阁，李东阳被留用。[19]

刘瑾擅权，朝臣们都争相巴结他。那时，地方大员们入京述职，见刘瑾气焰嚣张，生怕被他祸害，都向京师富豪借了银子去贿赂他。他们欠下的债，当时称为“京债”，都是用地方官库中的银子加倍偿还的。刘瑾有一亲信，名叫张綵，当时为户部尚书。他告诉刘瑾，这些地方大员的贿赂，要么是贪污来的，要么就是从百姓那里搜刮来的；用来行贿的不过十分之一，剩下的都肥了自己了；但挨天下人骂的却是他刘瑾。听了张綵的话，刘瑾马上派人查实，把那些贿赂自己的地方官狠狠地惩治了一番。于是，像张綵这样的人物，得到许多称赞，说他能够“导谨为善”。[20]

景泰时（1450—1457年）有个叫慧暕的和尚，曾指着几个读书人说：“这等秀才，皆是讨债的。”问他是怎么回事。他说：“洪武间，秀才做官，吃多少辛苦，受多少惊怕，与朝廷出多少心力？到头来，小有过犯，轻则充军，重则刑戮，善终者十二三耳。其时士大夫无负国家，国家负天下士大夫多矣。这便是还债的。近来圣恩宽大，法网疏阔。秀才做官，饮食衣服，舆马宫室，子女妻妾，多少好受用，干得几许好事来？

到头来全无一些罪过。今日国家无负士大夫，天下士大夫负国家多矣。这便是讨债的。”[21]在洪武统治的“严猛”之下，明朝的士大夫阶层，其实已养成了一种苟且的性格。正是在这种苟且之中，这些以圣人之学为科考敲门砖的读书人，一方面做着亵渎神圣的勾当，另一方面已失去了道德上的自尊和自律。所以，只要刑罚稍稍“宽纵”一点，这些一心一意以圣人之学为敲门砖，为自己博取功名的读书人，是绝难抵得住“声色货利”的诱惑的。当“杀运”渐渐逝去，他们心中的那些被压抑得很久的私欲，便自然而然地“反弹”出来，变得毫无节制。

胥吏政治

明代的官僚政治中，有一种极坏的东西，就是胥吏专政。胥吏，通常说，就是在官府衙门里当差的。所以，胥吏不是官。一般讲“吏治”，是不涉及胥吏的。但是，胥吏不是官，却能在官衙里起作用，这就是个大问题。要想懂得中国的官僚政治，对胥吏政治是不能不知的。

在汉代，政府的各衙门中，可以称之为官

的，是衙门长官，所有属官都称吏。那时候，吏的地位不低，也可以做官。我们前面提到过的那个黄霸，最早就是吏，后来做到丞相。官吏并称，是后来的事。明朝的三司长官，当时就称之为封疆大吏。古代的官衙里，还有一种专门称为“胥”的小吏，整日抄抄写写，或者跑跑腿，跟当差的没什么两样。这种人，历代都有的，但明朝特别多。据黄宗羲说，王安石变法的时候，推行募役法，免去了百姓的差役，叫他们出雇役钱，由政府专门雇人当差；从那以后，衙门里的胥吏就多了起来。但是，也有说胥吏是在元朝时候多起来的。蒙古人入主中国，他们不识汉字，也不懂中国的事情，诸如书记之类的事情，必要让中国人来做，所以衙门里胥吏就多了起来了。明朝的胥吏，往往是父子相传，对法律条文很熟悉，对哪些事习惯上是怎么办的，也很熟悉。当时，读书人做官，具体的事情却要胥吏做。特别是地方上的事，做地方官的人更要依靠胥吏，因为只有他们才熟悉地方上的情况。

胥吏中是很有些精明能干的人的。不过明朝有规矩，胥吏不许考进士。这等于是说，胥吏再怎么能干，而且品行端正，但在仕途上却无论如何也走不远，升官的机会微乎其微。人在官场，却被大大限制了做官的机会，就容易变得奸猾而没有廉耻，并且因为怨恨而敢于为非作歹。《明史·况钟传》上说，况钟被派到苏州去做知府。当时，苏州是“最号难治”的地方，赋税和徭役非常繁重，而赋役的征收，主要就是依靠官衙中的胥吏。这些人对地方上谁家有多少人、多少地，都清清楚楚；而这些情况，在官府的籍册上，是不清楚的。所以，他们的地位虽然不高，本事却很大，都是些擅长舞文弄弊的“豪猾”，连州县官都怕他们。朝廷每年的赋役征收，就要靠他们来完成。可巧的是，况钟也是做吏的出身，对这些人是很了解的。他曾在吏部做事，因为受到上司的特别赏识，才被提拔到郎中的位置上。宣宗的时候，由于尚书蹇义等人的推荐，他又被任命为苏州知府。他的上司推荐他去担任这个职务，恐怕也就是考虑到他对吏事的熟悉。

况钟初到苏州，坐在知府的案前，装作什么都不懂，凡事都问站立在堂下两侧的吏员。吏员说什么该做，他就说什么该做，说什么不该做，他就把什么给停了。那些吏员大喜，以为这是个容易蒙骗的知府。可过了三天，况钟就把吏员们召来一个个责问：什么事该做的，某人却叫他不要去做；什么事不该做的，某某人却叫他去做。一件一件，都讲得清清楚楚。他指斥这些人舞文作弊太久了，都应该判死罪，并当场在堂下打死数人，还开除了一些贪虐者或庸碌懦弱的人。这样一来，整个苏州府都震动了，无论官还是吏，都开始奉法了。[22]不过，像况钟这样由吏而升大官的人不多，能像他那样清正廉明的也不多。何况到了明朝仁宣以后，资格之弊越来越盛，举贡只能做很小的官，胥吏也就只好永远是胥吏了。那时，还有一些找不到出路的读书人，也做了胥吏。

做胥吏越是没有出路，胥吏就越是猖狂地为自己谋利。何况官衙的基层行政，只有他们才懂行，势必由他们垄断。各衙门的种种条文，也都是他们搞出来的。他们在熟悉法律方面，可以称是专家，对社会的实际情况，也很了解。这两点，都是那些做官的读书人根本比不上的。在朝廷六部，以及各官司，胥吏的地位虽然卑微，却因为身居重地，通过种种文案的处分，条例的拟定，可以在很大程度上，把他们个人的意志，转化为朝廷的意志；州、县长官以下官吏的选任，通常也由吏部的胥吏来决定。在地方上，胥吏仰仗着官府的势力，可以让乡民逆来顺受；身在官府，为了自己的利益，他们对乡民也不会有任何怜惜；加上在官府年长日久，关系盘根错节，他们一般都结成了党羽。对这样一批人，衙门长官要想驾驭得好，并不是一件容易的事。他们只知道为自己谋利益。而越是这样，事情就会变得越糟。所以黄宗羲要说："天下有吏之法，无朝廷之法。"[23]这就是说，由胥吏制定的种种条例，其实都是符合胥吏自己的利益的。这叫什么？就叫胥吏专政。

明朝人对胥吏的问题看得很重，可就是没办法解决。黄宗羲是个很有见识的人，可他所希望的解决办法，就是让那些读书人去做胥吏。在他看来，读书人总比胥吏有道德。他讲的是教育问题。讲得对不对，能不能办到，恐怕不能一概而论。但这个问题在当时人看来，却是很重要的。钱穆先生曾经讲过这样一件事，说是明朝有个理学家叫陈龙正，他的一个朋友到绍兴去做知县，他就写了一篇文章为这个朋友送行。他在文章中说，天下的治乱都在朝廷六部，而六部的胥吏都是绍兴人；这些人虽在朝廷办理文案，但他们的父兄都在绍兴。他希望朋友到了绍兴任上，能够注意教化这些人的家庭，说把胥吏的家庭教化好了，将来胥吏也会变好了；胥吏变好了，天下就能治理好了。这位理学先生，对教育的作用也看得非常重。大概他也晓得，除了教育，当时恐怕也不会有其他更好的办法。

我们前面讲“绝对皇权”，讲“科举”，讲的都是国家上层的东西。这胥吏则是基层的东西，也是很重要的。钱穆先生说：“一般谈历史的，只注意桌子面上事，譬如宰相怎样，六部怎样，而没有注意到桌子底下一样有力量，一样有影响。”[24]这话讲得很有道理。

注释：

①参见娄曾泉、颜章炮《明朝史话》，北京出版社1984年版，第一章（二）。

②郑晓《今言》，中华书局1984年版，第13页。

③《明史》，中华书局1974年版，卷一百六十二。

④郑晓《今言》，中华书局1984年版，第40页。

⑤《明史》，中华书局1974年版，卷三百四。

⑥以上参见钱穆《国史大纲》，商务印书馆1947年版，第476—481页；《中国历代政治得失》，生活·读书·新知三联书店2002年版，第105—113页。黄仁宇《万历十五年》，中华书局1982年版，第一章，第17—20页。

⑦参见钱穆《国史大纲》，商务印书馆1947年版，第497—498页；《中国历代政治得失》，生活·读书·新知三联书店2002年版，第127—130页。

⑧顾炎武《日知录》，商务印书馆1934年版，卷十七。

⑨《明史》，中华书局1974年版，卷一百二十八。

⑩《郁离子》，上海古籍出版社1982年版，《石激水》。

⑪《明史》，中华书局1974年版，卷一百六十四。

⑫《明通鉴》，中华书局1959年版，宣宗宣德三年。

⑬《明英宗实录》，卷九十二。

⑭《明史》，中华书局1974年版，卷二百八十二。

⑮《明史纪事本末》，商务印书馆1936年版，卷二十九。

⑯《明史》，中华书局1974年版，卷三百四。

⑰《明史》，中华书局1974年版，卷一百六十八。

⑱《明孝宗实录》，卷二十四。

⑲《明史》，中华书局1974年版，卷三百四。

⑳《明史》，中华书局1974年版，卷三百六。

㉑陆容《菽园杂记》，中华书局1985年版，第16页。

㉒《明史》，中华书局1974年版，卷一百六十一。

㉓黄宗羲《明夷待访录》，中华书局1984年版，《胥吏》。

㉔参见钱穆《中国历代政治得失》，生活·读书·新知三联书店2001年版，第123—126页。

三　军备的废弛

“仁宣致治”前后不过十一年，转眼之间就过去了。从太祖开国的1368年，到宣宗去世的1435年，不过是短短67年。那时，天下太平，根本还看不出什么败相。继位的英宗朱祁镇，当时不过九岁。于是，臣下有请太皇太后（仁宗张皇后）听政。这位皇太后倒是恪守明朝的祖宗家法，拒绝了臣下的这一请求，并指示一切政事都交给内阁决定，她自己只是凡事要知道一下。她甚至告诫自己的兄弟们，让他们安分守法，不许干政，坏了国家的规矩。[①]有了这样一位太皇太后的支持，久在内阁的大学士杨士奇、杨荣和杨溥，的确在一个很短的时期内，有了那么一点点丞相的味道。“三杨”辅政，在明史上向来是作为美谈的。

不过，司礼监太监王振，仗着英宗的宠幸，这时也已经开始在宫中为非作歹。王振不是个简单的人物。他曾经担任过教职，在成祖时自愿净身入宫。他显然是那种为达目的，可以不惜一切的人物。比起那些在内书堂识字的小宦官，他读书也读得最多，所以很快就在宫中受到重用，并被安排在太子宫中，做太子伴读。英宗登基之后，他终于掌管了司礼监，从此出人头地。

一天，太皇太后派王振到内阁传旨，让杨士奇票拟处理意见。可杨士奇票拟未定，王振就在一旁说三道四，气得杨士奇三天不到内阁办公。听说了这件事，太皇太后大怒，命人用鞭子抽了王振一顿，责令他去向杨士奇谢罪，并警告他如果再发生这样的事，就杀头，决不宽贷。过了几日，太皇太后又当着英宗和内阁大臣的面，让扈从的女官把刀架在王振的脖子上，痛斥他在皇宫里的种种不法行为，要杀了他。急得英宗连忙跪下求情。在一旁的杨士奇、杨荣和杨溥等大臣见状，也慌忙跟着跪下。太皇太后于是说："皇帝年幼，岂知此辈自古祸人家国！"[②]不过，她当时未必就很想杀王振，于是顺水推舟地饶了他，只是警告他以后不得干预国政。经过这件事，王振稍稍收敛了一些。

但是，当太皇太后于公元1442年（正统七年）去世后，事情就发生了变化。此时，杨荣已去世两年。不久，杨士奇又因为儿子犯法，主动告病回乡。只有杨溥留在内阁，既老又病，也得不到支持。而王振此时，因为英宗对他宠幸有加，竟下令将太祖皇帝立在禁中的“内臣不得干预政事”的铁碑撤掉。[③]明朝自成祖以来，虽然重用宦官，却也决不让宦官专政。明朝的“绝对皇权”，其本意不过是要依靠宫奴和家臣，来保证皇帝本人能够牢牢控制住权力。所以，如果发现宦官擅权，定将严惩。然而，从王振开始，宦官开始专政了。这是明朝历史的一个转折点。正是在这个历史的转折点上，发生了深刻影响明朝历史的“土木之变”。随之而来的，是明朝卫所制度的瘫痪，以及明朝军队在“倭难”中表现出来的无能。而这些军事上的失败，与明朝的“绝对皇权”，是有着深刻的联系的。

“土木之变”

王振掌握了司礼监，就利用英宗童心未泯，引诱他检阅武将台，并召集了京营和在京卫所的武将，演习武艺给他看。对武将中那些谄媚自己的人，王振就奏请年幼的英宗皇帝给予提拔。相比之下，朝中大臣们的做法，则显得非常不着边际。他们只知道为年幼的英宗皇帝开设“经筵”，讲解儒家经典，希望以此来塑造他的人格。显然，在这一点上，王振已先胜了他们一筹。而按照制度，王振既然掌管司礼监，总是要预闻政事的；更何况皇帝的童心已受蛊惑，很容易被他控制；太皇太后又多病，不可能时时事事都亲自过问。所有这一切，都给王振创造了擅权的极好机会。再说，无论“三杨”再怎么受太皇太后的信任，他们久为家臣，性格上已然缺少那种奋发的精神，凡事都猥琐而不敢有所作为。所以，当英宗跪下为王振求情时，他们也只敢跟着跪下，以示做家臣应有的忠诚。

王振虽然受到太皇太后的挫辱，也只是稍稍收敛。有年幼的英宗皇帝保护，背着太皇太后，他照样敢于为非作歹。为了替自己立威，大臣稍有过错，王振就怂恿英宗严厉地惩罚他们。有一次，皇帝要赐宴百官。按规矩，宦官是不许参加这种为大臣举行的宴会的。但英宗却派了人去问他的“王先生”，说这件事该怎么办。王振听了居然大怒，说周公可以辅佐成王，他为什么不可以到大臣们的宴会上去坐一坐呢！英宗听说了，连忙让人开了东华门去请王振，让百官在门外迎候；王振这才高兴了。[4]这件事发生在正统六年，太皇太后仍然在世。太皇太后去世后，王振更加肆无忌惮。一个叫刘球的官员，因上书冒犯了王振，立即被投入监狱，然后被杀死并肢解。[5]那时候，王振真是权倾一时，大臣们都争着抢着依附他、贿赂他。

公元1449年（正统十四年）7月，蒙古瓦剌部落在其首领也先的率领下，分道大规模入寇。其中，也先亲率的一支约两万人的骑兵，先在大同北面的猫儿庄大败大同守军，之后又在大同东北的阳和口全歼了大同守军。当战败消息不断地传到北京时，王振就劝英宗御驾亲征。

英宗自幼在王振诱导下，视打仗为儿戏。他听了王振的话，高兴得马上下诏亲征，以至于在军事上的准备远未就绪时，他就迫不急待地率领着五十万精锐之师出发了。一时之间，朝廷上都震动了。但尽管劝阻的人很多，却没有一点用处。在向大同进军的路上，大臣们还是不停地劝阻。有人对王振说，天象显示，如继续前行，就会危及皇帝。但王振不听，说如果真是这样，那也是天命。

当军队行进到阳和口时，只见遍地是战败的明朝军人的尸体，整个军心都震动了。但是，英宗和王振还是继续率军向大同进发。只是到了大同之后，一个党羽密报王振，说也先兵势很盛，前方的明军仍在打败仗，王振这才感到害怕，转念班师回朝。不过，为了光宗耀祖，他又忽发奇想，劝英宗绕道他的家乡蔚州。可走在半路上，他担心大军经过蔚州，会踩坏了自家的庄稼，又请英宗改道宣府回京。

听说英宗退兵，也先随即挥师跟进，以寻找战机。英宗改道宣府，拖延了时间，眼看就要被也先追上了。于是，王振命令将军朱勇等人，率领三万骑兵阻击也先。朱勇是个无能之辈，被也先杀得全军覆灭。不过，此时英宗已率军到达土木堡，距怀来城不到二十里。如果明军此时迅速进驻怀来城，也先的骑兵顿兵坚城之下，亦无能为矣。可王振因为自己尚有千余车辎重未到，硬是让英宗和几十万大军原地驻扎。兵部尚书邝野竭力劝阻，王振大怒，让士兵把他拉出去，并威胁要砍掉他的脑袋。可就在第二天，也先的军队从四面扼住险要，进逼土木堡。

土木堡地势高，无水。南边十五里处的河

流，已被也先抢占。无水就不能做饭。所以，被围第二天，明朝的几十万大军已是又饥又渴。经过一夜的战斗，也先的骑兵突破明军外围，将英宗和明军主力围住。这时，也先又施诡计，派使者与英宗议和，然后佯装撤军。等到英宗和王振移营取水，阵势大乱，也先的骑兵又迅速从四面八方突入。铁骑践踏，长刀挥砍，蒙古的骑兵们还喊叫着："投甲解刃者不杀！"其时，明军士兵为了逃命，纷纷裸袒而奔，手无寸铁。他们相互践踏，又不知死了多少人。五十万的精锐之师，原来如此不堪一击。即便是保住性命的，也已是行尸走肉。就这样，英宗做了也先的俘虏，王振则在乱阵之中被部下杀死。这一事件，明史上被称为"土木之变"。⑥

对于明朝来说，土木之变，决不是一次偶然的军事失败。明军一再战败，以至于五十万主力，不能与也先的两万骑兵一战，可以想见它当时的军事力量之弱。其中原因种种，首先是自明成祖以来，经仁、宣两代，朝廷不仅在政治上重用宦官，而且还在边地各军事重镇设镇守太监。这种镇守太监制度，使军事将官处处受其节制，不能独立地指挥军队，一旦打仗就只好敷衍塞责。阳和口之战，大同守军全军覆灭的重要原因，就在于镇守太监郭敬处处阻挠军事主将的指挥。[7]从土木之变的全过程来看，虽说是英宗亲征，王振却起了很大的作用。诸如行军路线、军队驻扎，前进还是后退，这些军事上的问题，都是王振说了算。在这一过程中，王振只听取过大同镇守太监郭敬的意见。军事将领的意见，反而可以不听。这样打仗，怎么会不吃败仗呢！

常态之下，宦官在军事上竟握有这样大的权力，正是宦官在政治上占有绝对优势的反映。总而言之，当内廷政治过分扩张之后，宦官所具有的种种优势就被彻底制度化了。这种制度的总的精神，就是内廷胜于外廷；内廷之中，宫奴又胜于家臣；而宫奴与家臣，则更胜于大臣。在这样的权力结构中，除了皇帝本人，没有谁可以对太监统军的合法性提出任何疑问。这正是当时军事制度的最大的失败。自土木之变以后，明朝在军事上难以振作，宦官监军是一重要原因。

卫所制度的痈疾

卫所制度的建立，在明史上是一个很关键的

问题。朱元璋下江南之后，将自己的军队重新编制，每五千人为指挥，每千人为千户，每百人为百户，每五十人为总旗，十人为小旗。在此基础上，明朝建立后，刘基为朱元璋设立了军卫法。其一般的做法是，在全国各军事要害地带建立卫所，每五千六百人为卫，一千一百二十人为千户所，一百二十人为百户所，百户所之下设二总旗、十小旗；卫所之上，设立都指挥使司，是地方上的最高军事机构。⑧

正是在这样的军队建制之上，明朝设立了与之相应的军户制度。即卫所的军人来自于军户；军户是世袭的，有军籍；每一军户，有一人服军役，或当兵，或当官；其余符合当兵年龄的军户子弟，军官家的称舍人，士兵家的称余丁，平时从事生产，军队缺员时就从他们中间征发。这是一种把军事与屯田结合在一起的制度。按规定，当时每一军户，受田五十亩，每年纳正粮若干石，军士月粮和日常军事开销都从中支取；另缴余粮若干石，作为本卫所官俸。

卫所制度的建立，目的是使明朝的军费和兵源，都有固定的来源。如果不考虑其他因素的影响，我们会觉得这是一项万全之策。首先，在军费来源固定的情况下，军事的供应一般不再受国家财政因素的制约，这将大大有利于国家军事力量的稳定；而由于无须承担军费的筹措（个别情况除外），国家财政在技术上的复杂性降低了，也将大大有利于国家财政状况的稳定。至于军队有了固定的兵源，一般百姓就可以免受军役之苦，国家则可以拥有一支兵源稳定的常备军。但是，所有这些好处，其前提首先是军户的实际负担，必须比一般民户轻。因为，只有在这种情况下，才能保持军户本身的稳定。

而实际的情况是，明朝的军户，除了户出一丁赴卫所服兵役外，还要服许多种与军队有关的杂役；赴卫所服兵役的军户，也有许多人从事屯种；某些属于民户的杂役，军户实际上也必须承担。此外，军官们还普遍地役使士兵为自己牟利。这种情况当时称之为“占役”。军户的负担如此沉重，大量逃亡就不可避免。这样的事情从洪武初年就已经开始，越到后来就越是严重。据统计，到1438年（英宗正统三年），逃跑的军士已达一百二十万余。可当时对付军户逃亡的办法，就是再从民户中补充，称为“勾军”或“勾补”。这一弊政，当然仅仅有利于军官们继续从役使士兵中牟利。

有明一代，军户制度始终存在；军户不断逃亡，又总是从民户中得到补充。这样一来，控制在国家手中的民户必然减少，国家财政的税源当然也就减少了。但是，在另一方面，却有越来越多的军费开支，需要由国家财政以各种各样的方式来补给，直到最终全部由国家财政负担。黄宗羲说："卫所之弊也，官军三百十三万八千三百，皆仰食于民。"[9]但到国家需要有人去当兵打仗时，却往往要另行召募。这无疑又大大地增加国家财政的军费负担。

总而言之，曾几何时为朱元璋绝口称赞的卫所制度，最终不仅不能使明朝的军费独立，反而给明朝的国家财政增加了更沉重的负担，而且大多是在卫所制度上"虚耗"掉的。土木之变以后，明朝要重振军备，财政上所面临的主要问题，就是必须抛弃卫所制度。唯其始终不能做到这一点，所以也决无使军备重振的可能。

"倭患"

土木之变以后，于谦大力整顿京军，使明

朝首都的军事力量有了一定的加强。但就总体而言，明朝的军事力量已没有任何值得夸耀的地方。这一点，最集中地体现于明朝对东南沿海的倭寇，在大多数情况下都显得无能为力，以至于形成“倭患”。

倭寇，即日本海盗。日本在历史上，曾经效法中国，实行过“大化改新”（公元645年开始），目的是要建立一个中央集权式的天皇体制。但实际的情况，却是地方势力越来越发展，以至于到了12世纪，它已经被各地方封建势力所控制。12世纪末，日本尽管建立起镰仓幕府统治，可地方封建势力的发展，并没有受到遏制。而到了足利幕府统治时期，全国已有几百个实力雄厚的“大名”。正是在长期分裂过程中，日本逐渐形成了一种武士制度。武士是由各封建势力所豢养的。按照法律规定，他们没有权力得到土地。正因为如此，许多武士亡命海上，成为从事海上和沿海抢劫的海盗。他们经常袭扰中国沿海，中国人就称他们为倭寇。

倭寇侵扰中国沿海，比较早的记载，是在元朝延祐（1314—1320年）年间。从那以后，中国的辽东、山东半岛，以及江苏、浙江、福建、广东，都遭受过倭寇的严重侵扰。明初，朱元璋曾经几次派使者到日本，要求日本的幕府统治者阻止倭寇侵袭中国沿海。可他哪里知道，幕府对此根本就无能为力。不过，为了抵御倭寇的侵袭，朱元璋还采取各种措施，来加强沿海各地的防卫。从辽东到广东，他一共设立了五十多个卫，还修造战船、训练水兵。此外，他下令在沿海地区修筑了许多军事据点。经过这样的努力，整个洪武年间，倭寇在中国沿海总算没有构成大患。朱棣称帝后，也继续加强海防，用重兵对倭寇作战。明初，对倭寇进行的最大的一次战争，是公元1419年的望海埚战役。此役，中国军队大获全胜，倭寇来犯者二千人，除了战死的，其余全部被俘。据说，“自是倭大惧，百余年间，海上无大侵犯”。[10]但小规模的武装侵袭却不断发生。宣德年间，有许多日本商人，以“入贡”的名义，到中国来做生意。因为他们持有明朝的“信符”，经过军队把守的关卡，当然不会有任何的阻拦。可是，这些日本商人，其实就是海盗。他们一遇机会，就会杀人抢劫。当这样的事情发生后，地方上负责军事的军官，因为害怕事态扩大，总是以“倭情”为由，请求朝廷一切都以息事宁人为重。军人对寇盗如此害怕，可见明朝当时的地方军力其实已经弱到了极点。

公元1439年（英宗正统四年），倭寇公开侵袭浙江。他们抢劫官仓民舍，然后纵火烧掉；驱迫青壮掘坟盗墓；把婴儿放进煮烫的水里，以婴儿的挣扎惨叫娱乐耳目；以孕妇肚子里的胎儿是男是女赌酒，不惜将孕妇活活剖腹。倭患闹到这样的地步，朝廷才派重兵驻守沿海要地，增设了一些军事城堡，并派人侦察倭寇出没。这样，倭寇的侵扰才平息下去。⑪

从1467—1585年，是日本历史的“战国时期”。频繁的战争，使日本国内生产不能正常进行；土地荒芜，粮食短缺，人民流离失所。于是，又有更多的人下海做生意，同时也成了海盗。所以，到了嘉靖时，倭寇终于成为明朝的大患。公元1523年（嘉靖二年），有官员提出沿海倭患是由通商造成的，明朝于是下令关闭了专管对外贸易的市舶司。⑫但市舶司一关闭，倭寇就更厉害了。他们一方面进行走私贸易，而一有机会就从事抢掠。当然，无论是走私还是抢掠，他们总是勾结沿海的中国商人和海盗一起干。那时，明朝的军队不仅训练差、装备差，而且彻底腐败了。军官们贪污了军饷不够，还贪污了修造战船的款子。就这样，军队完全失去了战斗力，以至于倭寇所到之处，一旦烧杀抢掠起来，如入无人之境。几十人上百人的倭寇，一旦从海上登陆，就可以攻城掠野。几百人上千人的倭寇，就可以一路横行，转战府县。1553年，倭寇四十人，从浙江乍浦突入，窜犯平湖、海盐、海宁等地，一路放火抢掠，前后十六日，官军一触即溃，四个指挥、一个把总、一个千户、六个百户、一个县丞被杀，还杀伤了几百人，然后夺舟出海。[13]1555年，一股倭寇，仅五十余人，从山东日照登陆后向南窜犯，一路杀到淮安，虽然最终被全歼，但所过已杀了一千多人。[14]这一年，还有一伙倭寇，不过六七十人，在浙江上虞登陆后，窜犯于淳安、歙县，又绕南京转了个大圈子，走了数千里的路，前后八十多天，直到苏州浒墅关，才遭到明军重创，最后在一个叫杨林桥的地方被全歼。但令人不可思议的是，他们前前后后，竟杀死杀伤了四千人。而当时的南京城内，就有十二万明军。[15]

明朝军队的无能，在嘉靖时期（1522—1566年）的倭患中，已经暴露无遗，以至于成为明朝重整军备的一个契机。但是，鉴于财政上的重负，除非抛弃卫所制度，否则任何重整军备的努力，其成功都只可能是非常局部的，而且是暂时的。

注释：

①《明通鉴》，中华书局1959年版，宣宗宣德十年。

②《明通鉴》，中华书局1959年版，英宗正统二年。

③《明通鉴》，中华书局1959年版，英宗正统七年。

④《明通鉴》，中华书局1959年版，英宗正统六年。

⑤《明通鉴》，中华书局1959年版，英宗正统八年。

⑥以上皆参见《明通鉴》，中华书局1959年版，英宗正统十四年。

⑦《明史》，中华书局1974年版，卷三百二十八。

⑧《明史》，中华书局1974年版，卷八十九。

⑨黄宗羲《明夷待访录》，中华书局1984

年版，《兵制》一。

⑩《明史》，中华书局1974年版，卷九十一。

⑪《明史纪事本末》，商务印书馆1936年版，卷五十五。

⑫同上。

⑬《明通鉴》，中华书局1959年版，世宗嘉靖三十二年。

⑭《倭变事略》，神州国光社1951年版，《嘉靖东南平倭录》嘉靖三十四年。

⑮《明通鉴》，中华书局1959年版，世宗嘉靖三十二年。

四　财政的失措

明朝的财政，就其对社会经济的制约而言，莫过于它采取的货币政策所导致的银荒。而财权的过度集中，则使国家的财政储备，失去了平衡融通的作用。这两个问题，严格说来，是明朝所特有的，也是最深刻的。

财政体制对经济的制约

中国古代的国家财政，从根本上说，就是实现大国效应。幅员广大，人口众多，这是实现大国效应的基础。而汪洋大海一般的小农经济，又决定了这种大国效应，一定是以农为本的。中国人讲民本。其实，民本也就是农本。历朝历代，纳粮服役都是农民的事，这就是农本的真正含义，也叫作国本于农。

但农民交纳的东西，如果用不完，时间久

了要变质或损坏。所以，官府就会把用不完的东西，折合成货币征收。兵役劳役也有用不完的时候，当然也可以折征货币。问题是农民没有货币，他们平时与市场发生关系，不过是物物交换。现在，官府征物征役，都有一部分要折收货币，他们就只好把东西拿到市场上去卖。这就产生了一个大问题，即官府征税是有时间限制的，而商人则趁机压价，逼得农民只好将自己的产品，在市场上低价抛售。

中国古代的商品经济之所以有时显得很繁荣，与国家将部分实物和力役折合成货币税有很大关系。而因为大量征收货币税，特别是食盐税越来越高，货币的需求量就极速增加，以至于从唐朝中叶开始，“钱重物轻”就成为困扰中国经济发展的一个大问题。所谓“钱荒”，就是非常严重的“钱重物轻”。中国纸币出现得早，就是因为发生了“钱荒”。而纸币一旦通行，就很难保证它不被滥发。元朝的灭亡，就跟它滥发纸币有关。

我们曾经在本书的引言中简述过明初的财政体制。根据以上所言，我们毫不怀疑，朱元璋所创立的这一财政体制，是记取了重要的历史经验和教训的，而有的却是无可奈何的现实选择。概括而言，他创立这一体制的基本原则是：（1）把尽可能多的小农控制在国家手中，以获得财政上的“大国效应”；（2）简化交换关系，建立一个以实物和力役为基础的国家财政；（3）重赋江南，以确保中央财政充实；（4）实行兵农合一，使日常军费不从国家财政支取。这些原则，其第（1）、（3）、（4）条，基本都实现了。但在后来的年代里，第（1）、（4）两条都先后被破坏，第（3）条则限制了江南经济本身的发展。凡此，在本节中，都暂不予以考虑。我们所要着重分析的，是上述的第（2）条在执行过程中所发生的变化；这些变化，对明朝经济的影响非常深刻，却又不是显而易见的。

如果纯粹从中国传统农业本身的要求来看，上述第（2）条，恰恰是最重要的。因为，在一个传统的农业社会中，生产的主体在乡村；乡村市场形态，是当时最正常的市场形态。但是，当国家对农业征收货币税时，农民与市场的关系，就变得十分紧张。首先，国家征收农业税是规定时限的。所以，即便农产品总体上处于短缺状态，但在一个很短的时间内，市场上仍会突然有大量农产品涌入。在这种情况下，农产品的价格一定猛跌，农民必须出售更多的农产品，甚至是倾其所有，才能凑足交税所需的货币。在这一交易的过程中，以上提到的“钱重物轻”的趋势，会变得更严重。而当青黄不接、无以为继，农民必须取给于市场时，农产品短缺的问题就会暴露出来，市场价格随之上扬。在这一交易过程中，“钱重物轻”的趋势会暂时减轻，使农民处于更不利的地位。就此而言，建立一个以实物和力役为基础的财政体制，对明朝农业的恢复是有利的。

可是，就在洪武七年，有几个府因为水路不通，朱元璋立即下令，将这些府今后的夏税折收货币。有趣的是，到了第二年，朱元璋又恢复了已被弃置不用的纸币制度，开始发行大明宝钞。[1]无独有偶，也就是在这一年，他竟下令禁止民间交易使用金银。[2]从此以后，赋税折收金、银、钱（铜钱）、钞（纸币），已成为明朝财政中的常事，并在洪武十九年成为定例。[3]有史料证明，当时国库的粮食储备已足国用。如不想造成无谓的浪费，国家财政的储备方式必须改变，赋税征收的方式也必须改变。

问题在于，这样的改变，会使“钱重物轻”

的情况重新发生。根据历史的经验，一旦钱重物轻，人们会为了高额的铸币利润，蜂拥入山开矿，从而减少农业劳动力；而开矿者中间，一定隐藏着许多奸险歹徒，随时可能成为啸聚山林的盗匪。左右权衡，最好的办法莫过于恢复纸币。但要树立纸币的威信，就必须禁止使用金、银货币。所以在发行纸币的当年，朱元璋就下令禁止民间交易使用金、银。在税粮折收货币的场合，他也总是要求有一定的金、银比例。以为用这样的办法，可以慢慢地把民间的金、银都收完。与此配套的政策，就是禁止百姓入山开矿。

正因为有这样的盘算，明朝的纸币在其发行伊始，就是不可兑换的。这就决定了它一经发行，数量就有点控制不住，随即导致了严重的贬值。那时，政府的各项支出往往使用纸币。纸币一贯，值铜钱一千文，值银一两，四贯值黄金一两。但在实际的购买中，纸币却值不了这么多钱，于是只好再增加发行量，结果造成纸币的严重贬值。为了使纸币能够通行天下，朱元璋还规定在税粮的折收中，按一定比例征取纸币。纸币发行后，虽然禁止使用金、银交易，但铜钱仍作为辅币通行，遂造成“重钱轻钞”的状况。[4]公元1394年，纸币一贯，仅折合铜钱160文。朱元璋于是又下令禁用铜钱，专用纸币。[⑤]

自洪武以后，明朝久久不肯将纸币制度彻底放弃。其支撑的办法，或是在各种税收之外加征纸币，或是将纸币用于支付国家的采购，再就是用于大量的赏罚。即便如此，到弘治年间（1488—1505年），纸币一贯，仅值铜钱二三文，[⑥]可还是舍不得废除。直到隆庆时（1567—1572年），仍有官员上书，说官俸有用纸币的。[⑦]

纸币的使用，对明朝货币制度的影响是长远的。因为在此之前，南宋、金、元都长期使用纸币，铜钱铸得很少。所以，每当纸币贬值时，民间就私铸铜钱，与历代所铸的铜钱一起使用。在这种情况下，不但铜钱的品质极其恶劣，制度也极其紊乱，于是民间交易往往习惯用金用银。明朝发行不可兑换的纸币，却很少能在民间交易中通用。以至于无论禁用金银，还是禁用铜钱，作用都极有限。但是，正因为有这样的政策，在很长的一个时期内，它基本上是禁止人民开矿的，而国家税粮折银的比例却越来越大。其最终的结果，就是“银荒”。而几乎是出于同样的原因，“钱（铜）荒”也在这一时期故态复萌。不仅使

“银荒”得不到缓解，反而更加剧这种趋势。铜材匮乏，铜价昂贵，使得民间私铸成风，币质越来越恶劣，制度也越来越紊乱。

从1572年（嘉靖六年）起，明朝好像有所醒悟，铸了大量的“制钱”，却为时已晚。当这些“制钱”一进入流通，很快就被人当成铜材，铸成劣币牟利去了。钱制紊乱，劣币驱逐良币，于是只好以白银为“本位货币”。这样一来，上下都疯狂地追求白银，致使“银荒”更一发而不可收拾。在一个农业社会里，社会经济所受到的制约，也许没有比这更严重的了。

财政的重“内”轻“外”

财政问题，自古就是最重要的政治问题。皇帝要集权，当然也要将财政抓到手里。汉朝的时候，皇室财政和国家财政本来是分开的。后来汉武帝搞财政集权，就设了个水衡都尉，由皇帝直接控制，以平衡融通内外财政。其实，这也就是在财政上用内廷来控制外廷。水衡都尉的设置，其前提首先是财政有大量结余，而储藏的形式必须是货币。东汉和魏晋南北朝的时候，皇室财政和国家财政都很少甚至没有结余，其财政的货币程度总体上又很有限，所以也就没有必要再设像水衡都尉之类的财政机构。到了唐朝的时候，随着国家财政的结余增多，皇帝开始意识到直接控制财政的重要性。

唐朝皇室用度和军国大计，都由国家财政统一支付，收入则汇集于太仓和左藏库。唐玄宗时，增设大盈库，正税之外的一切杂税，一律入大盈库，作为皇帝的私藏。安史之乱以后，国家财政收入一概入大盈库，军国大计都要仰仗大盈库拨给。这样一来，等于取消了户部，也不方便。后来杨炎为相，建议将财政的管理权交还户部，国家日常经费仍归左藏库，只将预留部分入大盈库，归皇帝直接掌管，国家非正常开支由皇帝从大盈库拨付。这样的做法，用意和西汉的水衡一样，无非也是要在财政上实现以内廷控制外廷的做法。

两宋的财政，在唐代的基础上，进一步强化以内廷控制外廷的做法。那时，掌管外廷财政的是三司（盐铁、度支和户部），但大量的财赋都藏在皇帝直接控制的内库里；三司用度不够，就请皇帝拨付。必须指出的是，当时的三司，并无权知道内库的盈虚，而制度上却保证皇帝对三司的收支状况清清楚楚，所以皇帝始终能够牢牢地控制住财权。

明初，凡金属货币，统统藏于各种名目的“内库”。这种制度，与前代财政以内廷来控制外廷是不一样的。前代财政虽然强调以内廷来控制外廷，却也含有内外平衡融通的用意。特别是宋代，凡军国用度，如不足，即请内库拨给。但到了明朝，这种做法就改变了。明朝自洪武时起，赋税折收的金、银和铜钱，以及其他货币收入，大都被运到内库中储藏起来，一般总是入多出少。到了英宗时，南方赋税大量折银，每年百余万两，称“金花银”，也都北运到京，储藏于新设的太仓库。太仓库应该算是明朝最早的储藏金属货币的外库。但到后来，太仓库的积银又不断被移入内库。嘉靖时，太仓库的“中库”积银八百余万两，于是这“中库”又划归内库了。⑧明朝末年，内库竟存银几千万两。但常常是户部请拨付，却总被皇帝拒绝。那时候，皇室要用银两，可以动用户部的。但军费不足，要从内库里拿银子出来，皇帝就舍不得了。这样一来，明朝的内库就失去了内外平衡融通的作用，变得重内轻外，跟皇帝的私藏没有什么两样。更为严重的是，皇帝甚至明令禁止大臣们请求拨付内库银两；一旦军国大计发生问题，若不是下令加派赋税，就是派宦官去搜括太仓各库的银两，甚至让官员出钱“助饷”。公元1644年，军队催着讨要军饷，但户部拿得出的银两却不到四十万，于是朝廷又动员官员们捐助了二十万余两。但当时宫中内库的旧藏黄金就有四十余窖，崇祯皇帝说什么也不肯拿出来。[9]李自成眼看就要兵临城下，有大臣劝崇祯皇帝把内库银子拿出来供军费，崇祯皇帝表面答应，却没有一点动作，还是舍不得。后来李自成攻进北京，在各内库里，总共竟搜括到三千七百万两白银。毫无疑问，皇帝居然吝啬到掂不出江山和银两究竟孰轻孰重，实际上反映的正是明朝财政本身的轻重失措。

赋役制度的紊乱与财政危机

中国从秦汉开始，田赋的征收，主要是通过对户口的控制来进行的。这个道理很简单。土地为谁占有，占有多少，是需要一套制度来进行监督的。可那时候，土地兼并很厉害，土地的占有关系经常发生变化。在这种情况下，直接对土地占有关系进行制度监督，费用会很高。相比之下，人口却比较好控制。在一个农业社会里，绝大多数的人都是种地的。所以，只要找得到人，就不怕收不到赋税。对此，秦汉时的一般做法，是政府要老百姓“自实”占田多少。不过，老百姓是不会“自实”的，总想要隐瞒一些，好少交点税。所以，政府说是让老百姓自实，却一定要规定一个底限。按照汉代的做法，大概是每家至少要“自实”百亩。其实，当时许多地都掌握在那些官僚地主手中。小民百姓，占地达不到百亩的很多。但依照政府的规定，他们也必须按百亩向政府交税。那时有一本书，叫《盐铁论》，说有的农户只有三十亩地，却还是要按一百亩交税。

一直到北宋之前，中国历代的田赋，都是通过控制人口来间接地进行的。这种办法，造成赋税负担的严重不均，而且很沉重。这样，百姓总是想方设法脱籍。结果是登记在籍的人，要替脱籍的人承担赋税。如此一来，想方设法脱籍的人就更多了。久而久之，官府控制的人口大大减少，赋税收入也大大减少。

除了负担赋税，中国历朝历代的农户还要

服役。役有各种各样。如筑城、修路，这都是服徭役。又如为官府督促和看管赋税，这就是服差役。役的种类很多，有的还很重；谁摊上了，都可能被弄得倾家荡产。役有常设的，也有临时的。临时的役，久而久之也会变为常设的。有些常设的役，国家会把它折成固定的税钱征收；久而久之却难免挪作他用；而原来的役又将重新恢复。这种过程是可以不断重复的，而且总会有新的役出现。总之，役也是很重的，而且越来越重。另一方面，役的负担也是不均的，官僚和贵族地主总是享有种种免役特权。役重，又不均，是促使百姓想方设法脱籍的另一个重要因素。

要解决赋役的沉重与不均这两个问题，在当时的条件下，唯一可能的方式，就是通过对土地占有状况的清查，根据土地占有的多少，按比例地分摊赋役。所以，从北宋仁宗的时候起，朝廷就着手试验“方田”。王安石变法时，甚至在一个很大的范围里推行“方田”。所谓“方田”，就是对土地的实际占有状况进行实地清查。不过，当时“方田”，只考虑到“均税”，还来不及考虑均役。那时还推行过雇役法，就是让乡村中的各色人等，根据不同的户等交雇役钱，让政府雇人充役。方田均税这件事王安石没有做成功。南宋时，国家又着手推行“经界”法，其性质和方田均税是一样的，在短时间内也确实起到了一点效果。但不难发现，由于土地占有关系变动得越来越快，政府无法长时期地对其进行有效的制度监督。用不了多少年，本已清查过的土地占有状况，又变得模糊了。

正是在上述的历史大背景下，明初在赋役上实行了两项重要的制度：鱼鳞图册和赋役黄册。鱼鳞图册以田土为主，哪块地，多少大，在什么方位，是什么形状，为谁所有，都图写得清清楚楚。赋役黄册则以户口和财产登记为主，田亩和赋税、房产和牲口，以及劳动力和徭役的情况，也都一一写明。[10]这两种制度的建立，前者可以明确土地占有和转移的状况，后者可以明确由谁来承担和承担多少赋役，两者的目的都是为了方便赋役的征收及其平均负担。但是，当时编制鱼鳞图册，真正认真执行的，是少数地区。在北方，许多地方的土地清查，是“一望为顷”，[11]不过是走了个过场，赋役征发的根据还在于赋役黄册。但是，无论赋役黄册，还是鱼鳞图册，都是好制度，只要认真执行，未必就不能行之久远；而原先执行得草率的地方，也是可以逐步细致起来的。

然而，要想让鱼鳞图册和赋役黄册能够行之久远，并逐渐完善，其中一个最关键的问题，就是要确保土地的占有，确实使占有者从中获益。如果政府的赋役征发不能使占有者从中获益，那么他仅仅是占有了一份无效益产权。在这样的情况下，他就会以种种手段，隐瞒自己的土地占有状况，以规避政府的赋役。比如，他可以买通胥吏，涂改鱼鳞图册和赋役黄册，然后将土地假卖给某个已逃亡的人；而采取同样的手段，他也可以买进某人的土地。这样一来，他对于土地的占有，就可以变得有效益了。

据《明史·食货志》载，1393年（洪武二十六年），明朝登记在籍的土地，是八百五十万余顷。但是，到了1502年（弘治十五年），已下降到了四百二十二万余顷（《万历会典》卷十七，这个数字为六百二十二万余顷）。一百几十年间，国家控制的土地竟减少了一半（或减少了四分之一），成为中国经济史研究中的一个众说纷纭的话题。但可以肯定的是，其中必有大量的土地，已被“欺隐于猾民”。[12]这一点正说明，当时的土地占有状况，已紊乱到了极点。按照明初的制度，无论赋，还是役，原则上都是跟土地联系在一起的。土地占有状况的极度紊乱，势必导致赋役征发的紊乱。而其中最严重的，就是地方上的乡绅、富豪与吏胥勾结，将应缴的赋税和各种徭役和差役，摊给那些在籍的农户。明武宗时，有个叫欧阳铎的人，曾做过福州知府，他谈到福州的情况，说那里做官的人很多，土地大多是他们的，老百姓有地的已经很少，但徭役都要老百姓来承担。就是这个欧阳铎，后来到应天做巡抚，发现江南地区同样是"赋役失均"。[13]明朝在仁宣以后，各种各样的役越来越多，官府胥吏随时都可以佥派小民服役。至于役折银，复又征役，又再折银，辗转反复，无有底止。

赋役沉重，而占有大量土地的人，却想尽办法逃避国家的赋役，小民百姓则因不堪重负而大量逃亡，土地被大量地隐占，人口又大量漏籍，赋役征收只好全不循制度，这里摊派，那里增收。在这种情况下，国家的财政收入不仅难以增加，反而出现了下降。但正是在这一过程中，国家财政的用途大开。孝宗皇帝在位期间，户部尚书侣钟向朝廷报告，说如今太仓已经没有储备，内库也空了（其实内库空不空他并不知道），但是没有名堂的用度比过去增加了许多。[14]而另一位大臣上书说，祖宗的时候用度很省，现在却很费。他以宫中用的黄蜡为例，过去每年不过用三万斤，后来增加到四万斤，然后是八万五千斤，以至于每年用十二万斤。举了这个例子，他又说，现在国家的所有用度，都是以这样的速度增加的，以至于出多入少，各王府的禄米、卫所的月粮，边境上的军饷，各布政司的官俸都不能保证。

这种情况到了嘉靖时期，就表现得更为严重了。那时候北方有蒙古、南方有倭寇，军费开支大增。1552年，户部奏报，说从1550年10月以来，国家财政收入，总计白银九百九十万两，但用于西北边境的军费，常例为二百八十万两，又新增二百四十五万两，加上边境筑城和灾区救济，共支出白银八百余万两。此外工部奏报，在这一年多一点的时间里，各种材料和工匠伙食，共支付约三十五万两。[15]显然，还有好几项主要费用，如官吏俸禄、皇室开支、宗室消费等大宗支出，都还没有计算在内。隆庆时，财政危机更加严重。就在穆宗登基的当年，户部奏报，说太仓储银仅一百三十五万余两，但军费的各项常年支出，需要五百五十三万余两。[16]军国大计不足，国家已用尽了一切补救的办法。对于明朝来说，要再不改革财政赋役体制，国家就将陷于灭顶之灾了。

注释：

①《明史》，中华书局1974年版，卷八十一。

②同上。

③《明通鉴》，中华书局1959年版，太祖洪武二十年。

④《明史》，中华书局1974年版，卷八十一。

⑤《国榷》，太祖洪武二十七年。

⑥《明史》，中华书局1974年版，卷八十二。

⑦《明史》，中华书局1974年版，卷八十一。

⑧《明史》，中华书局1974年版，卷七十九。

⑨《国榷》，思宗崇祯十七年。

⑩《明史》，中华书局1974年版，卷七十七。

⑪徐复祚《花当阁丛谈》，借月山房汇抄本，卷一，转引自谢国祯《明代社会经济史料选编》。

⑫《明史》，中华书局1974年版，卷七十七。

⑬《明史》，中华书局1974年版，卷二百三。

⑭《明史》，中华书局1974年版，卷一百八十五。

⑮《明通鉴》，中华书局1959年版，世宗嘉靖三十一年。

⑯《国榷》，穆宗隆庆元年。

五　南北经济的失衡

在本书的第一章里，已经谈及南北经济失衡，以及江南经济与仁宣致治的关系。明朝的江南，是当时中国最富庶、经济最活跃也最发达的地区。明朝人谢肇淛在他的《五杂俎》中说，江南这个地方，赋税是天下最重的，一个县缴的税，相当于江北一个大府；因为赋税太重，江南的百姓很多都破产逃亡，但江南民间并不贫困；凡山海之利，江南人都资以利用；凡能赚钱的地方，江南人都悉心钻营；天上地下的财利，江南人必网罗无遗。然而，同时代的北部和西北部地区，社会经济却始终不能恢复。正是在这种情况下，明朝的财政始终不能不以江南地区为重点。

北部和西北部经济的衰败

历经唐末、五代，乃至金、元的接二连三

的破坏，中国的北部和西北部，社会生产已非常落后。但是，按当时的情况，如果有一段较长时间的安定，再加上轻徭薄赋，要恢复也并不很难。由于有江南地区作为当时中央财政的主要基础，大约在洪武中期，明朝的财政已经稳定。洪武十九年，陕西西安府因为“仓储已多”，曾奏请朝廷允许夏税折钞。[①]就在这一年，朱元璋下令，各地仓储存粮如足够两年之用，可以将赋税的一部分折收货币。他还对户部的官员说，国家的赋税征收，已有明确的制度，只要在支出上严格把关，自然会有剩余，用不着再去“聚敛”。[②]从这些情况来看，明朝当时总的经济形势已趋于稳定，北部和西北部的社会经济已开始恢复。这以后，明朝在朱元璋的统治下又度过了十二年。及建文帝继位，首先就是减轻江南地区的赋税，以改变江南地区赋税独重的状况。[③]这说明，由于其他地区的经济恢复，明朝的中央财政可以大大减少对江南地区的依赖了。即便后来靖难战争打了四年，长江以北地区的许多地方又重新荒芜了，但要恢复起来其实也并不是什么难事。

　　但是，就在靖难以后，明朝发生了一件大事，即着手迁都北京。为此，它耗费了大量的人力和物力，重新开通运河，并修造了大量的运船，为南方的物资大量“京运”做准备。但当时耗费最大的一项工程，则是北京城的新建。这件事，当时究竟用了多少人力物力，今天已无从估计。但是，周长十八里的皇城和周长四十五里的京城，还是可以使人想象得出当年投入的人力物力之浩繁。据《明史》上说，京城建筑所用的木材，都采自于四川、湖广、江西、浙江和山西等地。仅此一项，就要耗费多少民脂民膏呢！

公元1421年（永乐十九年），新建成的奉天殿、华盖殿和谨身殿被大火烧掉，朱棣内心非常不安，觉得自己也许是有什么地方触怒了上天。于是，他举出了许多自己可能有的过犯，让臣下直言不讳地进谏。其中他问道，自己是不是白白耗费了钱物，是不是费用无度，是不是对百姓征税太重，是不是徭役不均。[4]于是，有大臣上书，指出京城的新建，整年在京城服役的民夫，就有百万之众。我们可以推想，当时各地采运木料和石料的，又不知需要多少万人。至于用各种各样的摊派来蚕食百姓，就好像是敲骨吸髓。而另一位大臣在他的上书中，还举了一个的例子，说宫殿要用青绿颜料，朝廷就近向百姓科派；

当地并不出产这种颜料，百姓只好到市场上去买，结果使这种颜料的价格猛涨，每斤须纸钞一万六千贯；等到送缴官府时，官吏又处处刁难克扣，辗转反复之中，每斤已花费了二万贯，却还不够涂一根柱子用的。[5]

那时，朝廷的每一兴建，都要差人到地方上去调度科派，被差的人就有了发财的机会。而朝廷的人一到州县，州县的官吏也想借机发财，以至贿赂公行，剥下媚上，就好像是做生意一样。在这样的情况下，老百姓被搜刮殆尽。[6]据谈迁说，朱棣新建北京，动用的劳力以“万万计”。[7]那时，北方的人民真是苦极了。许多劳力都去服役了，搞得农桑失时，没有好的收成，要缴纳东西却比过去多得多。所以，稍微遇到一点天灾，老百姓就要逃荒。史书上说，那时候山东、河南、山西、陕西等地，水旱频仍，百姓以树皮草根果腹，以至流离失所，颠沛于道路，甚至卖妻鬻子。

不过，北京城的新建，对明朝北部和西北部经济的破坏，还只是暂时的。真正对明朝北部和西北部经济起长期破坏作用的，则是迁都北京这一事件所产生的长期影响。我们知道，明朝取元朝而代之，却并没有彻底摧毁元朝的军事力量和政府组织。蒙古人当时只是退回了大草原，政治和军事方面还保持着相当的实力。所以，明朝建立伊始，就不断在北部和西北部的边境上与蒙古骑兵发生战争。朱棣将都城迁至北京，等于是将首都置于危地。从那时开始，明朝就在北部和西北部先后设置了九个军事重镇，当时称为“九边”，是为辽东、蓟州、宣府、大同、太原、延绥、宁夏、固原和甘肃。但如此漫长的边境线，仅靠这九个军镇，是无法确保安全的。于是，从公元1471年（宪宗成化七年）起，明朝在它西起嘉峪关，东到鸭绿江的漫长的边境线上，又开始了大规模的修筑“边墙”运动。我们今天还能看得见的长城，其实就是明朝修的边墙。其总长一万二千七百余里的人工墙体，基本上都是在那一段时间里修的。这样一个浩大的工程，又不知要费去多少人力。而无论京师还是边境，各种物资和劳役的需求，也不免就地征发。总而言之，自从迁都北京，明朝的北部和西北部，“丁丁著役，年年当差”，[8]而他们的妻儿则在家种地缴税。

徭役征发过重，对明朝北部和西北部农业

经济的恢复，是极为不利的。我们知道，数百年来，北部和西北部农业发展中的最重要的问题，就是水利的废弛。由于自然地理和黄土土质的原因，这广大的地区一经开垦，如果没有水利，那一定是“旱则赤地千里，潦则洪流万顷”。[9]所以，自古以来，这里的农业一直唯水利是赖。绵延不绝的黄土，从华北高原一直覆盖到东边的大海，其土质有着天然的肥力和良好的吸水性，只要有适当灌溉，即便一二年不施肥，也会有比较好的收成。但是，在百姓都被征去服徭役的情况下，水利根本不可能得到改善。于是，只有在降水适中的年份，农业才会有好的收成。而这样凑巧的事，简直太少了。久而久之，在北部和西北部，人们甚至根本就忘掉了还有水利这么一回事。于是，年复一年，北部和西北部的农业，只是在一个很低的水平上维持着；大片的土地荒着，也没有人愿意去耕种。

财赋仰于江南

迁都北京，不仅使明朝北部和西北部的经济长期得不到恢复，也使江南的重赋长期降不下来。而更为严重的是，从此以后，有大量的税粮要漕运到京师，其费用也主要由缴纳税粮的人自己承担。比如，纳税人按规定把漕粮（漕运的税粮）运到某个指定的仓库，然后由军队分批运送到京师，并由纳税人按所纳漕粮的比例缴纳运费。据《明会典》的一份漕粮统计，1486年，江南地区税粮的漕运量，占当年全部四百万石漕粮的二分之一强，约二百万石。如果每石缴运费五斗，那就等于是在江南多征了一百万石税粮。朱棣的时候，还推行过漕粮民运，就是让纳税人自己将税粮运送京师。据当时人说，每从江南运一石税粮到京师，所费竟高达三石。⑩这种办法当然不能持久。到了宣宗时，全国漕粮额定总量约为六百四十万石，并制定了新的漕运制度：就近将税粮交给漕军，并按朝廷规定的比例“加耗”；江南漕粮每石加耗，有的为六斗，有的为七斗。这一办法推广后，渐渐地成为明代漕运的主流，并有所改进；加耗的比例则不断有变动，一般总在百分之六十左右。但是，嘉靖朝的大臣徐贞明，根据自己在江南做地方官的经历，却一再强调江南漕粮抵京，一石必有数石之费。⑪

漕运的成本，还必须把漕船和漕军也

考虑进去。永乐时，漕船约五千条。后来达到一万一千七百余条。最多的时候，达到过一万六千条。漕船三年一小修，六年一大修，十年后就要换新的。这要用多少船料，又要用多少工匠？船料最初从各地科派，造船的工匠也是从各地征用。后来，无论造船，还是采办船料，也都交给漕军去做。漕军最多的时候，有一百万人。此外，为了管理漕运和保持运河畅通，明朝还设立了专门的机构。做这些事情，也都耗费巨大。

漕粮是供军用的。终明一代，江南还有一种"白粮"，专供宫廷消费和京官俸禄。"白粮"由官府指派的粮长雇船运往京师缴纳。因为是"民运"，沿途难免被各漕闸的官吏留难勒索，要花许多银子打点才肯放行；等到抵京缴纳，又要受官吏勒索，少不了还要花银子。所以，从江南运一石"白粮"抵京，所费少则三石，多则五石。[12]"白粮"每年的运额，一般在十七八万石，再加上漕运的费用，就非常惊人了。

京城是国家的命脉所系，军国大计如果都要通过长途运输，肯定是致命的。中国历史上，从隋唐开始，虽然北部和西北部都还相当富庶，却已注意用东南财赋，挹注北部和西北部之不足。隋朝因此而兴建了东都洛阳，要以它“得土之中”的地理优势，来汇集全国财富。为此，它开掘了广通渠，以沟通新都大兴城（今西安市）与洛阳的漕运；又修永济渠及通济渠和江南河，以利于全国的物资在洛阳集散。结果，运河耗尽了民力，促使隋朝短命而亡。至于唐朝唯东南漕运是赖，是在安史之乱以后，而且当时它也再没有别的选择。

南方在经济上超过北方，而中央财政偏重于南方，是在北宋时期。但那个时候，北方的经济也并未衰败。至于南宋，不过半壁江山，虽说是苟安，却也像模像样地存在了一个半世纪，国家在经济上和财政上都超过了北宋，军力也强于北宋。

历史上，凡京师所在，皇室、中央行政和朝廷百官，以及禁宫宿卫、京师及其周围的军事布防，都要耗费巨资。唯此，历代建都之地，一般都会选择经济发达、交通方便的地方。曾几何时，朱元璋想定都长安，但考虑到遭运艰难，就马上作罢了。在这一点上，他是非常明智的。而以篡逆获得皇位的朱棣，不顾北部和西北部经济的衰败，执意迁都，使朝廷“孤悬绝北”，[13]距边境“近者百里，远者不过三百里”，[14]随时都处于蒙古军队的压力之下。这样的选择，无疑将国家所面临的军事威胁极度放大，而使国家在财政上，不得不将江南之全部财赋，挹注于北部和西北部的边境军事。

“神京北峙，而财赋全仰于东南之漕。”[15]于是，“江南之民命竭于输挽，大府之金钱靡于河道”。[16]

注释：

①《太祖洪武实录》，卷一百七十七。

②余继登《典故纪闻》，中华书局1981年版，卷四。

③《明史》，中华书局1974年版，卷四。

④《明通鉴》，中华书局1959年版，成祖永乐十九年。

⑤《明史》，中华书局1974年版，卷一百六十四。

⑥同上。

⑦《国榷》成祖永乐十九年。

⑧葛守礼《葛端肃公家训》，葛端肃公集

本，卷下，转引自谢国桢《明代社会经济史料选编》，下册，福建人民出版社1981年版，第202页。

⑨《明史》，中华书局1974年版，卷二百二十三。

⑩《明史》，中华书局1974年版，卷一百五十三。

⑪《明史》，中华书局1974年版，卷二百二十三。

⑫《明史》，中华书局1974年版，卷二百六。

⑬黄宗羲《明夷待访录》，中华书局1984年版，《建都》。

⑭《国榷》，成祖永乐十九年。

⑮徐贞明《潞水客谈》，粤雅堂丛书本，转引自谢国桢《明代社会经济史料选编》，下册，福建人民出版社1981年版，第114页。

⑯黄宗羲《明夷待访录》，中华书局1984年版，《建都》。

六　迟到的改革与党争

孝宗统治时期，大学士李东阳曾在其上疏中说，民间的情况，郡县已不知道；郡县的情况，朝廷也不知道；而朝廷的情况，皇帝同样不知道。①可见，在明朝的“绝对皇权”之下，整个官僚系统获得信息的方式，肯定是出了问题。在这种状态中，要对种种制度上的弊害进行改革，就会遇到种种因信息不灵而带来的困难。而其中最重要的问题，就是皇帝本人因为信息阻隔，难以成为改革的发动者。所以，自仁宗、宣宗以来，明朝的“祖宗法制”尽管已是漏洞百出，却也只好眼看着它积弊越来越深。但是，到了明朝万历初年，由于一些偶然因素的凑集，终于出现了张居正的改革。

张居正及其改革

皇帝因为信息阻隔，而难以成为改革发动者的一个关键因素，就是宦官专权。但是，到了武宗去世时，这一问题就出现了转机。武宗是个极其荒唐的皇帝，但临死时却极其清醒。他请司礼监的宦官转告太后，说国家的事情很重要，要与内阁大学士共同商议；过去的事情，责任都在自己，跟宦官并没有什么关系。[②]显然，武宗对明朝的宦官问题是看得很透的。作为宫奴，如果不是皇帝的怂恿，这些人其实什么事也做不成。至于内阁大学士，虽然身为家臣，但毕竟是皇帝控制整个官僚集团的一个中介；其成员也都来自于官僚集团。

当武宗去世，又没有留下子嗣，而新皇帝尚待“议立”时，盘踞宫内的宦官已然是群龙无首。武宗尸骨未寒，太监张永、谷大用等人跑到内阁，找大学士杨廷和商量拥立新君。这位内阁首辅很不客气地对他们说，皇位的继承人，按照明朝祖训的规矩，应为武宗的从弟朱厚熜，不需要再商议了。[③]这个朱厚熜，就是后来的明世宗。

皇位的短暂的空缺，似乎使内阁突然具有了超乎寻常的作用。首先，杨廷和立朱厚熜为帝的建议，马上得到了住在宫里的太后的支持。而更为重要的是，从武宗去世，到朱厚熜离开封地入京登基，中间有三十七日的皇位空缺。正是在这三十七天里，首辅杨廷和竟破天荒地总揽了朝政。等到朱厚熜入京，杨廷和为他起草登基诏，将武宗时的弊政都宣布废除了。其时，文书房的宦官找到杨廷和，说诏书有几处写得不合适，要删。杨廷和怒斥道："过去有什么事不合你们的意，你们动不动就说是皇帝要如何如何。现在又要删改诏书，难道也是新皇帝的意思？那就等我们上朝祝贺新皇帝登基时当面奏请，还要问清楚究竟是谁要删改诏书！"④这一次，又是杨廷和胜利了。

杨廷和利用皇帝的暂时缺位，轻而易举地就抑制住了宦官的势力。而世宗皇帝在位四十五年，也始终压制宦官的势力。这样，自然而然，内阁的权力变得越来越重要了；而内阁首辅大学士的权力，则变得尤其重要；次辅及其他辅臣，都必须唯首辅之命是从。也正因为如此，整个世宗统治时期，阁臣们为了能占据首辅之地位，借着各种各样的理由，在内阁中展开了激烈的争斗。

世宗本人，虽然在登基之初锐意求治，但他的兴趣，很快就转向尊崇自己的生身父母。为了使他们同样具有皇帝、皇后的名号，享受与先朝皇帝、皇后生前死后同样的礼仪，世宗不知道用了多少心思。除此之外，世宗还爱好方术，又大兴土木。显而易见，世宗也不是那种能够成为改革发动者的角色。

世宗死后，他的儿子朱载垕继位，是为穆宗。这是一个怠于政事，又非常喜欢挥霍的皇帝。但在位仅六年，就一命呜呼了。继承皇位的，是他九岁的儿子朱翊钧，明史上称为神宗。穆宗去世之前，首辅是高拱。但穆宗一死，在司礼监掌印太监冯保的帮助下，高拱的首辅地位，很快就被张居正取而代之了。

冯保对高拱是恨之入骨的。世宗一朝，重要的宦官职位，一般都由内阁首辅推荐。穆宗时，宦官的势力重新抬头，但这个老习惯并没有改变。高拱为首辅，先后推荐过陈洪、孟冲任司礼监掌印太监，却把当时任秉笔太监的冯保扔在一边。冯保为此愤愤不平，而与张居正勾结。当穆宗危在旦夕，张居正封一密函，交内阁一名吏员暗送冯保。高拱发觉后，马上亲自去追，但为时已晚，只好眼看着那名吏员进了内宫。高拱大怒，问张居正究竟有什么事，非要密封了传给宦官。张居正满脸尴尬，只好连连干笑。当天，穆宗驾崩，遗诏以冯保取代孟冲为司礼监掌印太监。

张居正是个权势欲望很强的人，而且精明过人，只不过他也很有事业心。他勾结冯保，用阴谋取得了首辅的地位。但身为首辅，他更希望能做出一番事业，来重振衰颓的明朝。那时，神宗还是个娃娃，是很容易操控的；他与冯保的特殊关系，可以保证他的“票拟”，能顺利地“批红”。这样，他要做什么，都可以是“圣旨”。正是在这样一种特殊的背景下，首辅大学士张居正，终于得以成为改革的发动者。

张居正的改革，主要有以下几个方面：

一、整顿吏治 对于明朝吏治的败坏，张居正有许多感慨。在他看来，那时官场的作风是很糟糕的。沽名钓誉、上下讨好、攻击异己、敷衍塞责、不恤百姓、贪污受贿。不过，他最关心的，是官场中的有法不依和有令不行的痼疾。他形容当时官场上的上下级关系，无非是“姑口烦而妇耳顽”。[5]意思是说，婆婆（姑）唠叨了半天，儿媳（妇）却充耳不闻。为此，他下令对官员实行“考成法”。所谓“考成”，就是对官员的政绩进行实际考核。针对向来立法容易行法难的问题，张居正提出要使“法之必行”，“言之必效”。[6]而他制定的考核官员优劣的标准是：施政不骚扰百姓，并使百姓感到方便的，是为优等；办事沿袭旧套，专做表面文章的，虽然有好名声，也要列为下等。他要求将此考核标准逐级落实，决不许虚与应付。为此，他还建立了随事考核的制度。即朝廷各衙门之间，凡公文往来，除了日常事务外，一律立案存档；问题处理完毕，必须履行注销手续；凡拖延、欺隐者，可逐级举报。考成法的实行，其重点在于提高办公效率。据说，自从实行了考成法，官员们凡事都不敢文过饰非，朝廷的政令因而能迅速、有效地执行。[7]但是，对于当时官场上的其他问题，张居正并没有花大力气去解决。

二、整顿军备　早在最初进入内阁时，张居正就对明朝的北部边防尤为重视。等到他位居首辅，为了重整军备，他更是全力支持正在蓟镇任总兵的戚继光。为了使戚继光能够独掌蓟镇军事，并训练出独特的战斗部队，他把蓟州辖内的其他高级将领都调到别的地方。后来，凡是跟戚继光为难的文官，也都被调离蓟镇。张居正唯一的希望，就是戚继光能为重振明朝军备，找出一套好的办法。为此，他还给予蓟镇优厚的财政支持，让戚继光能配备足够的马匹、火器和战车，以训练新型的战斗部队和新的战术。不过，戚继光在蓟镇所做的一切，当时都还只具有防御蒙古俺达部进犯的意义。而实际上，俺达在穆宗时，已经与明朝修好。但是，在辽东方面，蒙古的小王子部落，也常常进犯明朝的边境。张居正起用李成梁镇守辽东。李成梁也是个能征善战的将军，屡屡击败小王子的骑兵。⑧

通过张居正对戚继光和李成梁的支持，明朝的北部“边境晏然”。

三、整顿学校 为了培养人才，张居正又对明朝的学校进行了改革。他的做法是对府、州、县学的生员，严格考核制度，凡学业荒疏，又不堪造就者，一律给予辞退；对于童生考生员，必须三场考试全部通过，而且有严格的名额限制：

大府不得超过二十人，大州、县不得超过十五人。既然把学校视为培养人才的地方，张居正责成吏部谨慎选择主管考试和督学的提学官，把那些品行不良，学问又差的提学官撤掉。同样，他还命令把那些精神倦怠、学行不能为人师表的儒学教官，从学校中清除出去。⑨

四、整顿财政 为了解决嘉靖、隆庆以来严重的财政危机，张居正对明朝的财政，进行了大规模的整顿，目标是均平赋役，简化税则。首先，张居正下令对全国的土地占有状况进行清查。据史书上说，这次为期三年的土地清查，共计查实了七亿一千三百多万亩土地的占有状况。正因为清查了这么多土地，张居正才能在全国范围内，推行“一条鞭”法：将原来法定的赋税和徭役，以及各种各样的杂税杂役，统统归并在一起，总计为银两，然后均摊于经过清丈的田亩之中。但是，在具体的执行中，仍有不少地方，将“一条鞭”部分按人丁征收。

清算张居正

上述张居正的改革，真正做得成功的，只

是在财政方面。比如清查田亩这件事，尽管有人指出，由于实行了考成法，一些地方官为了出政绩，将丈量田亩的弓尺缩小，使丈量出现“虚额”。[10]但无论如何，这是一件了不起的事。自古以来，中国的统治者都想实现“履亩而税”，但真要做起来，就退缩不前了。

隋唐以前，豪强的势力很大，土地清查的阻力重重，履亩而税只是一种美好的愿望。如东汉的时候，皇帝就曾下令“度田”，要清查民间的土地占有状况。可那时候，大量的土地都掌握在豪强地主手里，他们在地方上又有很大的势力，谁敢去清查他们的土地呢？结果是只清查小民百姓的土地，造成了严重的“度田不实”。有十几个郡太守，就因为度田不实，被朝廷杀掉了。朝廷严肃法纪，地方上当然只好动真格。结果是地方豪强起来造反，有的地方，连郡县的长官都被杀掉了，度田的事也只好草草收场。

隋唐以降，豪强的势力大大减弱。但是，有官僚身份的地主，仍可以利用手中的权力，与乡官、胥吏勾结，隐占大量土地；而那些没有官僚身份的地主，则通过贿赂乡官和胥吏隐占土地。这样的土地隐占，像过去那种“田连阡陌”的现象减少了，都是东一块西一块的，隐占的手段却十分隐蔽，清查起来非常困难，而且极易引起纠纷。比如，张三的地，私下卖给了李四；张三又不知跑到哪里，买了谁的地在种。又比如，田主名义上把地卖给了别人，其实还是自己在种。实际的情况，还要比这复杂得多。然而，尽管面临的情况纷繁复杂，在张居正的主持下，这样大规模的全国范围内的土地占有状况清查，却在三年之中就完成了。据史书上说，张居正当时设计的丈量方法很周全，立法又严，州县胥吏便不敢再与地方上的“强宗豪民”勾结作弊。此亦足见张居正确实有了不起的经世才能。至于一条鞭法，它的好处在于简化了税则，算不上是什么了不起的事情。而它的落实，是以土地占有状况的清查为前提的。至于规定一概计亩征银，恐怕只会加剧当时的银荒。

从土地清查的成功，我们甚至也可以认为，张居正对吏治的整顿，确实提高了明朝官僚机构的工作效率。但是，这样的效率仅仅是一时的，而且也并非全都来自于对吏治的整顿。明朝自从废除了丞相制度，它的官僚系统，根本就缺少一个强有力的权力中枢；信息不灵，指挥不力，运作迟缓。要改造这样一个文官系统，不仅张居正力不从心，即便是皇帝本人，在“祖宗法制”面前，照样也无可奈何。对此，张居正看得很清楚。于是，他尽力拉拢冯保，以保证自己的命令能通过司礼监，而成为“圣旨”。此外，他还以任用亲信来推动自己的改革。如他曾经任用亲信张瀚掌管吏部；又通过张瀚，把朝廷的重要任免权，都控制在自己的手里。[11]他甚至还利用亲信控制舆论，唆使监察官弹劾胆敢公然反对他的官员。总而言之，张居正充分地利用自己的政治优势，以形成对明朝官僚系统的强大压力。正是在这样的压力下，明朝的官僚系统，在某些具体政策的实施方面，变得有效率了。[12]

在军事方面，张居正的所作所为，真正称得上是改革的，无非只是借重戚继光一人、蓟镇一地，在财政上给予特殊的支持。对卫所制度，因为它涉及到明朝军事制度的根本，是明朝的“祖宗法制”，张居正就不敢动了。卫所制度不废除，明朝想要重振军备，就必须另辟军费来源。而实际的情况是，明朝当时并不具备这样的财政能力。

在学校的问题上，张居正的作为，真正具有

改革意义的，恐怕连一件也举不出来。他所希望做到的事，用我们今天的话来说，无非是提高教学质量，严格考试制度。然而，不改变当时重科举而轻学校的做法，又怎么可能提高教学质量，考试再严格又能有什么用呢？

公元1582年，即万历十年，张居正去世了，享年五十七岁。他死后不久，就遭到了严厉的清算。在他的所有罪名中，说他“假丈量田地，骚动海内”⑬一条，至今读来仍让人心寒。做这件事，张居正是抱定了“苟利国家，生死以之”的决心的。但现在说他这么做，竟是包藏着扰乱天下的祸心。真是没有比这更颠倒黑白的了。

但是，按照明朝的祖宗法制，张居正确实罪不可赦。万历皇帝从九岁起，就一直生活在张居正的阴影之下。一次，他因为读错了《论语》中的一个字，竟然被他的“张先生”厉声纠正，弄得一阵心惊，而在旁侍读的大臣，也都一个个大惊失色。万历皇帝已长到了十九岁，张居正甚至还垄断着朝政不肯放手。就在临死前的三个月，那时，他已病得不能去内阁办公了，却还奏请万历皇帝批准他在家里“票拟”。他的精力越来越差，内阁送来的奏折总是看不完，却还是不肯交给内阁其他辅臣。[14]

在万历皇帝看来，张居正还是冯保的后台。对于这个终日陪伴在自己身边的“大伴”冯保，万历皇帝始终感到芒刺在背。每一次，他有什么出格的行为，都会马上传到严厉的太后那里。万历皇帝当然不会忘记，自己十七岁那年，因为行为不检点，被冯保又一次告了状。结果不仅遭到太后的痛斥，还被迫跪在地上，达几个小时之久。事后，冯保竟然让张居正为他起草了一份罪己诏。在万历皇帝看来，由张居正起草的这份罪己诏，其遣辞造句，无非是对皇帝的尊严和圣明的贬损。[15]更让万历皇帝耿耿于怀的是，从来交由内阁“票拟”的奏折，其处理意见都是冯保授意的，内阁“票拟”上的“批红”，也都是冯保的主意。这难道还不能作为张居正与冯保勾结的证据吗？所以，给张居正安上“专权乱政，罔上负恩，谋国不忠”的罪名，在万历皇帝看来，是再合适也不过了。[16]在万历皇帝的支持下，长期以来处于张居正高压下的官僚们，当然要对张居正进行报复。所有的罪名，他们都精心地为张居正罗织好了，过去一切追随张居正的人，都遭到了贬逐。甚至连镇守蓟门的戚继光，都被贬到广东。而镇守辽东的李成梁，则被人说成是“饰功”。有人上书为李成梁辩护，舆论马上就说那人是张居正和李成梁的同党。有的人还试图掀起更大的案子，说曾经有考官以舜禹禅让为题出考卷，明显是在为张居正篡夺皇位制造舆论。[17]

那时的情形，真是糟透了。那些曾经反对过张居正的人，都一个个自以为是，信口开河。谁反对他们，那就一定是张居正的同党，是要“蔽塞言路”。内阁辅臣许国对此曾愤怒地说道：过去专横恣肆的都是权贵，现在专横恣肆的却是职位较低的官僚；过去颠倒是非的都是些小人，现在颠倒是非的却是君子；君子们曾经出于一时的义愤，偶尔做对了一二件事，就以为自己是难得的有高尚品格的人，专门去鼓动那些浮躁浅薄的好事之徒，党同伐异，欺瞒皇帝以逞其私；这样的风气决不可鼓励。[18]

对张居正的清算是严厉的。在清算过程中，儿子张敬修不堪逼迫，自缢身亡。清查的结果，张家诸子兄弟所藏，共黄金一万两，白银十余万两。因为这个数字远不符合原先的估计，在“追赃”时，儿子张懋修又“自诬”有三十万两银子分藏于张居正的一些亲信家。[19]之后，张居正的弟弟和两个儿子，都被流放远方。当时，张家老小已面临被扫地出门的境地。亏得首辅申时行和刑部尚书潘季驯等人上言，说张居正虽然咎由自取，但希望皇帝能给他的八十岁老母和子孙一条活路，万历皇帝才动了恻隐之心，允许给张家空宅一区、田十顷。不过，又有人攻击申时行和潘季驯是张居正的余党。于是，申时行受到了万历皇帝温和的警告，潘季驯则被革职为民。

张居正任首辅十年，史书上说，那时天下安定，边境无战事，太仓积储的粮食可供几年之用，仅隶属于兵部的太仆寺，储银就不下四百万两。可以说，在这十年中，张居正确实使明朝稍稍重振。但是，当时攻击他的人很多，认为他的"私德"不好。比如，他的儿子考进士落第，他就不高兴，把当年翰林院选庶吉士的名额都给取消了。他有三个儿子先后中进士，其中一个为一甲第二名，另一个为一甲第一名，但据说都有作弊的嫌疑。

不过，张居正虽不廉洁，却也很难说就是个贪官。当时朝中有一个叫于慎行的大臣，就说张居正很少接受人家送他的东西，他家里藏的那些金银珠玉，都是人家贿赂他父亲和弟弟的。于慎行还举了个例子，说辽东总兵李成梁封了伯爵，曾叫手下拿了一千两黄金和一万两白银，送到张居正府上。张居正对来人说，他们的主人是以血战封伯的，自己若接受了这些金银，高皇帝地下有知，是会降罪的。于慎行是个君子，曾经也很受张居正看重，但因为触怒张居正而辞官回乡，直到张居正死后才被召回朝廷。他的态度，可以说是无偏无党的。

张居正私德不好，是事实。不过，当时那么多人攻击他，与他任首辅时重用亲信，排斥、打击异己有关。但更为重要的是，当时的官场，就是有那种墙倒众人推的风气。于慎行就说，当张居正任首辅时，大家都争着抢着赞颂他的功劳，而不敢批评他的过失；等到他人死势失，大家又都争着抢着要追究他的罪行，没有谁敢称赞他的功劳。[20]其实，若不是万历皇帝恨透了张居正，当时并没有谁敢站出来反对张居正的。

明末党争

我们曾经指出，由于官员任用中的资格之弊，不是进士出身的人，往往要去投靠那些有地位的人，以求得他们的保护，从而形成了门户。这种情况，在世宗以后，已变得非常严重。穆宗时，高拱在内阁，曾建议官员的任命，无论升降，只看政绩，而不问是不是进士。表面上看，高拱这是要破除选官中的资格之弊，但实际上却是要为自己的门生，开辟一条做官的捷径，好让他们成为自己的爪牙。而这些被高拱提拔的人，的确也对高拱感恩戴德，任凭高拱驱使。高拱唆使他们攻击哪个大臣，他们就攻击那个大臣。

那时候，门户的形成，当然还有其他途径。士人科考，中了举人，登了进士，便与主考官形成门生和座主的关系。巡按考核官员，政绩优良的，被推荐为更高一级官员，于是形成了门生与举主的关系。至于那些权据要津的人物，更是利用科举，来扩大自己的门户。《明史》上说，万安在朝，每遇会试，都要让自己的门生为考官。他这样做，除了为儿孙着想外，更主要的还是要使自己的门生，能够多中进士。

门户与朋党，并不完全是同一种东西。门户之争，一般而言是有时而止的。比如高拱，他有自己的门户。不过他被罢了官，他的门户也就散了。据《明史》上说，高拱离京返乡时，他的那些门生，只有一个叫孙柱的去为他送行。[21]但朋党不同，朋党一旦形成，总是具有某种组织性，并且总是根据某些正义的理念，其利益关系也非常坚固牢靠，决不会因为少数领袖人物的倒台而散伙。

然而，门户一旦成为一种普遍现象，只要有获益的机会，就会导致某种集团性的利益冲突。对张居正的清算，正提供了这样一种获益的机会。因为，在任用私人方面，张居正几乎是无所不用其极的。而清算了张居正，原先为他的“余党”所占据的位置，都空了出来。于是，那些清算张居正的功臣，为了自己升官和安排私人，又展开了无休止的争斗。由此牵动起无数的利益关系，形成利益集团，党同而伐异。从那时开始，明朝的最后的六十余年，几乎全都是在这种朋党的争斗中度过的。

公元1585年（万历十三年），因为发生春旱，万历皇帝在召见朝中大臣时说，自己虽然对天旱负有责任，但地方官员贪婪，苛剥百姓，也干犯了上天的和气。之后，他话锋一转，特别提醒说，今后任命地方官要谨慎择人。他的言下之意是说，正因为有人借清算张居正的机会，在地方官的任命中安排私人，才让那些贪婪之辈混进官府。但事后，当有人借此圣谕，要向那些清算张居正的功臣发难时，万历皇帝显得很不耐烦。他警告说，自己正担心旱灾，大臣们不许再这样争斗下去了。[22]他心里非常清楚，这些热衷于党争的官员，其实都是醉翁之意不在酒。

朝廷上的朋党气氛，使万历皇帝感到了某种危机。但是，他很快就发现，自己并不能制止朋党争斗的蔓延。的确，所有的争斗，背后都有某种集团性利益在起着作用，根本无法调和。不久之后，万历皇帝终于对自己的这些臣僚们丧失了信心，不再相信他们能辅佐自己“励精图治”，也不再理会他们的意见。可就是从那时起，任何一件事情，凡有可能被用来获益，都会成为朋党争斗的借口，而且都会搞得兴师动众。

比如，万历皇帝不喜欢王恭妃为他生的长子常洛，而要立郑贵妃为他生的常洵为太子。于是，朝中那些后来被称为东林党的大臣，便以祖宗法制为根据，纷纷上书，要求尽快立常洛为太子。他们言辞激烈，纠缠不休，表面上是激于对祖宗法制的忠诚，其实却是想趁机造势，控制舆论，在政治上扩大自己的势力，为有朝一日控制朝政而捞取政治资本。这件事，在明史上被称为“争国本”。从争论开始，一直到常洛终于被立为太子，前后十余年。[23]那时，除了东林党，还形成了专与东林党作对的浙党，以及与浙党联合的齐、楚、宣、昆诸党。这两大势力的互相倾轧，一般总是借“京察”的机会。所谓“京察”，就是对京官的政绩，进行六年一次的定期考核。按规定，凡是在京察中考核不合格而被罢官的，一律不许重新任用。所以，为了能利用京察的机会来削弱对手，这两大势力围绕着那些负责京察的职位，展开了愈来愈激烈的角逐。这种角逐，无疑使党争变得越来越势不两立，也越来越险恶。

当朱常洛终于成为太子之后，为了稳固他的太子地位，东林党人屡屡发起攻势，迫使福王朱常洵离开京城，回到自己的封地上去。为此，他们对郑贵妃及其势力，不遗余力地进行攻击，并且总是要牵扯到自己的其他政敌。在东林党人看来，一切围绕“争国本”的争斗，都能使他们在道理上占有优势，所以最容易克敌制胜。他们的这种做法，当然会迫使他们的对手，采取非常激烈的手段进行反击。当常洵被迫回到自己的封地之后，万历四十三年，竟有人将一名无赖带进皇宫，并引导他直闯太子宫，先是用枣木棍击伤守门太监，然后直驱太子殿前，但他很快就被制服了。这件案子，明史上称为“梃击案”。

针对这一案子的审理，以浙党为首的非东林党人，显然不希望东林党人通过此案的审理获益，从一开始就企图草草结案。相反，东林党人则希望通过此案的审理，扩大事态，打击对手。万历皇帝对东林党人热衷此案的目的，是心存疑虑的。他下令速结此案，并警告东林党人，不许再挑唆他和太子之间的关系。[24]在万历皇帝看来，今后最大的威胁，一定是朋党。

万历年间，东林党人与非东林党人的争斗，总体上是以东林党人的失败而告终的。但是，在这一过程中，浙党和齐党也反目成仇。这件事情，与东林党人汪文言有很大关系。此人原来做过县吏，后来交结了东林人士，遂入京活动，并使钱为自己买了个监生。汪为人很有心计，眼观六路，耳听八方。在他看来，朱常洛的伴读太监王安，将来是可以“济国事”的，就倾心与之相交，希望将来可以通过他影响皇帝。那时，浙党与齐党抱得很紧。但在汪文言看来，这两个集团只不过是相互利用；一旦功成，就会为了各自的利益，再进行争斗。于是，他通过各种各样的办法去离间他们。他的这些活动，果然加速了这两个集团的内讧。[25]所以，当万历皇帝死后，因为反对势力的分裂，因为王安的支持，也因为光宗朱常洛本身对东林党的好感，那些原来被罢斥的重要的东林人物，又重新回到了朝廷，并且在朋党之争中拔得头筹。可惜的是，光宗只在位一个月就去世了。据说，他的死，与过度纵欲，又误服了臣下进奉的“红丸”有关。这是一件讲不清楚的事情，却又成为当时朋党争斗的一个大题目。

光宗临去世前，遗嘱由他的长子朱由校继位。朱由校那时虚岁十六，生母已死，与光宗宠爱的李选侍一起住在乾清宫。为了不使李选侍干政，东林党人联合司礼太监王安，先将朱由校接出乾清宫，到文华殿登基；然后又迫使李选侍搬出乾清宫。这就是“移宫案”。

因为扶立熹宗朱由校有功，东林党人受到了更多的重用。一时之间，内阁、都察院、吏部、兵部等关键部门，都掌握在东林党人手中。但是，东林党人并没有借此机会有所建树，而只是忙于起用过去那些遭到贬斥的党人，再就是打击浙、齐、楚诸党。久而久之，熹宗不再支持东林党人，而宠幸他自己的乳母客氏和秉笔太监魏忠贤（魏忠贤不识字），使宦官专权的局面再度出现。

和以往历次宦官专权所不同的是，这一次宦官专权，发生在朋党之争趋于白热化的背景之下。所以，明廷中凡是遭东林党排斥打击的官员，大多投靠了魏忠贤，形成了非常庞大的“阉党”势力，而东林党的势力则受到严重的削弱。那时，从内阁、六部，到地方封疆大吏，到处都是魏忠贤的“阉党”，一片乌烟瘴气。据说，魏忠贤所到之处，“士大夫遮道拜伏”，官员们甚至呼他为“九千岁”。[26]一直到了这种时候，东林党人才想到要与“阉党”进行斗争。

在与阉党的斗争中，东林党人无论在朝在野，的确表现出一种勇敢的牺牲精神。他们冒死上疏，揭发魏忠贤的罪恶，而绝不向邪恶的宦官势力屈服。许多人因此身受酷刑而死。那个叫汪文言的，阉党对他用尽酷刑，逼他承认曾贿赂过东林领袖，但他至死都没有屈服。[27]为了彻底摧毁东林党人的势力，阉党还将“梃击”“红丸”“移宫”三案全部推翻，凡参与这三案的东林党人也全都受到追究。

通过对东林党人的打击，魏忠贤在当时，几乎已达到了可以控制一切的地步，甚至不经过内阁票拟，就直接以皇帝的名义发布“中旨”。[28]宦官可以这样毫无约束地行事，这在明史上是没有先例的。仔细想来，如果不是万历以来激烈的党争，决不可能形成样这样强大的阉党势力。所有反对东林党的人都投入阉党，恰恰是当时党争已达到白热化程度的反映。这一点，东林党人恐怕也难辞其咎。

注释：

①《明史》，中华书局1974年版，卷一百八十一。

②《明史》，中华书局1974年版，卷十六。

③《明史》，中华书局1974年版，卷一百九十。

④同上。

⑤《张居正集》，荆楚书社1987年版，第一册，卷三《请稽查章奏随事考成以修实政

疏》。

⑥同上。

⑦《明史》，中华书局1974年版，卷二百十三。

⑧以上皆参见黄仁宇《万历十五年》，中华书局1982年版，第六章。

⑨《张居正集》，荆楚书社1987年版，第一册，卷四《请申旧章饬学政以振兴人才疏》。

⑩《明史》，中华书局1974年版，卷七十七。

⑪《明史》，中华书局1974年版，卷二百二十五。

⑫黄仁宇《万历十五年》，中华书局1982年版，第62~64页。

⑬《国榷》，神宗万历十二年。

⑭《明通鉴》，中华书局1959年版，神宗万历十年。

⑮《明史》，中华书局1974年版，卷三百五。

⑯《国榷》，神宗万历十二年。

⑰《明史》，中华书局1974年版，卷二百三十六。

⑱《明通鉴》，中华书局1959年版，神宗万历十二年。

⑲《明史》，中华书局1974年版，卷二百十三。

⑳《国榷》，神宗万历十二年。

㉑《明史》，中华书局1974年版，卷一百九十四。

㉒《国榷》，神宗万历十三年。

㉓以上参见黄仁宇《万历十五年》，中华书局1982年版，第三章。

㉔《明通鉴》，中华书局1959年版，神宗万历四十三年。

㉕参见南炳文、汤刚《明史》下册，上海人民出版社1991年版，第727—728页。

㉖《明史》，中华书局1974年版，卷三百五。

㉗《明史》，中华书局1974年版，卷二百四十四。

㉘《明史》，中华书局1974年版，卷三百六。

结束语

1627年，熹宗去世，继承皇位的是他的弟弟朱由检，即思宗。思宗即位，魏忠贤及其党羽被铲除，东林党人得到平反昭雪。但是，从那时起，一直到1644年李自成攻陷北京，然后是吴三桂引清军入关，明朝的党争从来都没有停止过。在此期间，思宗也由最初的压制宦官，转为重新重用宦官。在为自己的这种行为辩解时，思宗指责大臣们只知道结党营私，眼看着军队打败仗，军费无着落，却都无动于衷。他非常痛心地说："如果大臣们都全心全意地为国效力，皇帝我又怎么会重用宦官呢！"①

自从清算了张居正，明朝在政治上已彻底失败了。因为，正是从那时起，党争似乎已成为政治上首要的事情，除了朋党的利益，实际上没有任何东西是真正需要改变的。正是在这种情形下，我们在前面所谈到的明朝的种种积重难返的问题，都只能眼看着它们继续坏下去。值得引起注意的是，经过张居正对土地占有状况的大规模清查，以及对税则的简化，明朝的征税能力空前加强了。那时，国家一旦有事，经费的措置，马上可以通过按亩加派的方式解决；等事情一结束，加派也就停止了。显然，当时国家的财政，虽不免时时要通过加派来维持，但仍能使人放心；而只要财政不出问题，其他问题也就自然而然地可以视而不见。但是，从万历末年开始，加派一般都成为惯例。先是为了抵御关外的满族军队而加派辽饷，然后是为了剿灭西北地区造反的流民而加派剿饷，再就是为了训练军队而加派练饷。这些加派，使明朝得以在财政上继续维持其陈旧的军事制度，并且继续对北部和西北部的经济衰败视而不见。

不过，仔细想来，明朝问题，即使用我们今天的眼光看来，很多都是难以解决的。就如明成祖迁都北京这件事，既然已经成为现实，就很难再加以改变。而这件事不改变，明朝在北部所面临的军事压力，甚至连减轻的可能都没有；由此引起的一切军事的、财政的和经济的问题，也都会继续存在下去。问题在于面临一大堆积重难返的问题，明朝的士大夫们竟然还在热衷于党争，这就有违士大夫应以天下国家为己任的古训。说党争误国，这也许是当时以及后人的激愤之辞。当日的国家，居然不能制止这种党争，足见得它在其他方面也都是无能为力的。

公元1644年3月17日，闯王李自成的大顺军，进抵北京城下。3月18日，太监曹化淳开彰义门迎降，北京外城陷落。3月19日凌晨，大顺军攻破皇城。其时，思宗皇帝鸣钟召集百官，竟没有一人闻声而来。在无限的失望之中，皇帝终于吊死在万寿山的一棵槐树上。稍后，李自成率众进入北京，入居皇城。明朝至此灭亡。

注释：

①《明史》，中华书局1974年版，卷二十三。

出版说明

“新编历史小丛书”承自上世纪60年代吴晗策划的“中国历史小丛书”，其中不少名家名作是已经垂之经典的作品，一些措辞亦有写作伊初的时代特征。为了保持其原有版本风貌，再版过程中不做现代汉语的规范化统一。读者阅读时亦可从中体会到语言变化的规律。

新编历史小丛书编委会

图书在版编目（CIP）数据

明帝国衰亡史 / 程念祺著 . — 北京 : 北京人民出版社，2019.8

（新编历史小丛书）

ISBN 978-7-5300-0414-2

Ⅰ. ①明… Ⅱ. ①程… Ⅲ. ①中国历史—明代—通俗读物 Ⅳ. ①K248.09

中国版本图书馆 CIP 数据核字（2019）第 050740 号

责任编辑　王铁英　　特约编辑　韩慧强

责任印制　陈冬梅

新编历史小丛书

明帝国衰亡史

MING DIGUO SHUAIWANGSHI

程念祺 著

出　　版　北京出版集团公司

　　　　　北京人民出版社

地　　址　北京北三环中路 6 号

邮　　编　100120

网　　址　www.bph.com.cn

总 发 行　北京出版集团公司

印　　刷　北京汇瑞嘉合文化发展有限公司

经　　销　新华书店

开　　本　880 毫米 ×1230 毫米　1/32

印　　张　4.5

字　　数　62 千字

版　　次　2019 年 8 月第 1 版

印　　次　2024 年 3 月第 4 次印刷

书　　号　ISBN 978-7-5300-0414-2

定　　价　24.80 元

如有印装质量问题，由本社负责调换

质量监督电话　010-58572393